Josef Probst

Mystische Wanderziele

zu Liebesfelsen, Opferschalen, Teufelssteinen, vergessenen Orten und versteckten Kapellen

Ohetaler Verlag

Titelbild: Schalenstein bei Ramersdorf

Impressum

Mystische Wanderziele

Autor
Josef Probst

Korrekturen
Stephanie Leppert

Layout
Hans Schopf

Ohetaler-Verlag • Finkenweg 13 • 94481 Grafenau

eMail: info@ohetaler.de • www.ohetaler.de

ISBN 978-3-955110925

Inhalt

Vorwort 5
Wie finde ich die Ziele? 6
Notrufnummern 6
Alte Chamer Hütte 7
Jägerkreuz bei Miltach 10
Die Rauchröhren beim Kaitersberg 12
Steinbühler Gesenke 13
Die Teufelsmühle 14
Pilzstein bei Anger 16
Der Anis bei Langdorf 18
Kapelle auf dem Arber 20
Der Arbersee sucht sich seine Opfer 21
Blitzbaum bei Weißenstein 25
Ehemaliges Bergdorf Oberbreitenau 26
Der Bornstein 28
Die verschwundene Diepoltzburg 31
Burgstall Froschau bei Langdorf 33
Aussichtspunkt Einsiedelei 35
Griabalstoa bei Schwaben 36
Großer Opferstein bei Ramersdorf 37
Fußabdruck im Stein 38
Heinzbeer bei Schöneck 41
Hexenblöße bei March 44
Hölzerne Hand 45
Josefsbuche und Josefstafel 46
Kastenstein bei Kollnburg 47
Katzenbacher Mühle 48
Keltenstein in Schwaben 49
Liebesfelsen bei Kollnburg 50
Riederinfelsen bei Bodenmais 51
Skisprungschanze am Rißloch 53
Die Saulochschlucht 54
Sattelbrunnen am Mühlriegel 55
Schochertkapelle und Irrwurz 56
Die Kapelle am singenden Stein 58

Die Sphinx am Hörndl bei Lohberg	61
Spitzwaldkanzel oberhalb Schareben	63
Teufelsstein	64
Burgstall bei Rugenmühle	66
Hufabdruck neben dem Fluss Regen bei Viechtach	68
Lichterstein von Krailing	71
Wiedkapelle bei Teisnach	72
Kriahüttn (Kriegshütte) bei Wurz	75
Der Schatz von Niederalteich	76
Obelisk bei Trametsried?	78
Meet-Hütte bei Trametsried	79
Rund um den Silberberg	80
Teufelstisch bei Bischofsmais	83
Keltenstein bei Igleinsberg	87
Keltische Opferschalen von Schwi(e)bleinsberg	91
Geßinger Stein	94
Das Kloster auf dem Hausstein	96
Königsstein	98
Packlagenwege auf der Breitenau	100
Summfelsen	103
Rachelkapelle	104
Der Rachelsee	105
Teufelsloch am Lusen	107
Josef Probst, Autor	108

Vorwort

Das Buch »Mystische Wanderziele« soll euch in eine längst vergangene Zeit unserer Vorfahren führen. An was sie glaubten, wie sie mit der Natur lebten und wie wir durch uralte überlieferte Sagen dies enträtseln können.

Viele dieser hier aufgezeigten Orte weisen auf eine lange Besiedlung des Bayerischen Waldes hin, viel länger als es bis jetzt noch in einigen Lehrbüchern steht und an Schulen unterrichtet wird.

Einige dieser Orte hatten eine große sakrale Bedeutung für unsere vorchristlichen Vorfahren, dessen sollte man sich bewusst sein, wenn diese Orte aufgesucht werden. Leider erwacht momentan wieder ein großer schamanistischer Kult, welcher etliche Menschen an diese Orte lockt, wo dann neumoderne Riten vollzogen werden. Mit Wachskerzen, Buddhismusbändern oder Lebensmittelopfergaben werden diese Orte verschandelt.

An diesen Orten sollte man sich andächtig und vor allem mit Respekt verhalten, dies wäre eine große Bitte an alle, welche später diese Kultorte besuchen.

Viel Spaß beim Lesen des Buches und dem Abenteuer des späteren Erkundens dieser mystischen Wanderziele, wünsche ich euch von ganzem Herzen.

Probst Josef

Wie finde ich die Ziele?

Viele der in diesem Buch beschriebenen Ziele sind unbekannt und nur über Wege und Steige zu erreichen, die nicht markiert sind. Es ist also kein Wanderführer, wie alle anderen, sondern ein Buch, das dazu anregen soll, die Heimat zu entdecken.

Diese Wanderungen sind also ein kleines Abenteuer und nur zu empfehlen, wenn Sie gut zu Fuß sind und vor allem eine gute Orientierung haben. Daher empfehlen wir Ihnen, sehr geehrte Leser, sich mit Computerprogrammen und mit guten Wanderkarten auf die Touren vorzubereiten.

Der Autor Josef Probst benutzt folgende Software zur Vorbereitung auf die Wanderungen:

- Google Earth
- Google Maps

und im Gelände:

- GPS-Apps fürs Handy (GPS-Tracker)
- und ein richtiges GPS-Gerät

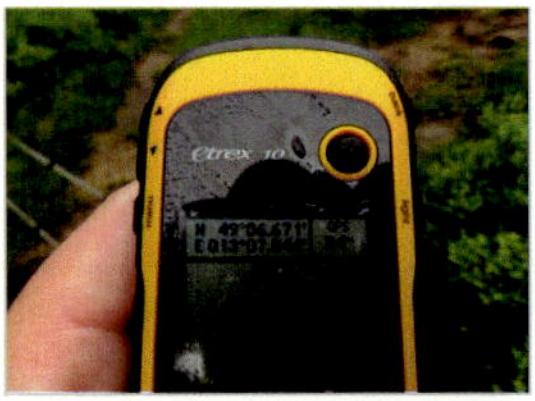

Notrufnummern

Notrufnummer: 112 (Notarzt, Bergwacht, Feuerwehr, europaweit)

Polizei: 110

Handynetz: Bitte denken Sie daran, dass in abgelegenen Gebieten möglicherweise das Handynetz nicht funktioniert. Hinterlassen Sie deshalb immer bei Nachbarn oder Freunden, wohin Sie wandern. Im Grenzgebiet kommt es vor, dass nur das tschechische Handynetz Empfang bietet. Die Landesvorwahl für Deutschland ist 0049 und dann die erste Null bei der Ortsvorwahl weglassen.

Der Ohetaler-Verlag wünscht Ihnen viel Spaß beim Entdecken der Wanderziele.

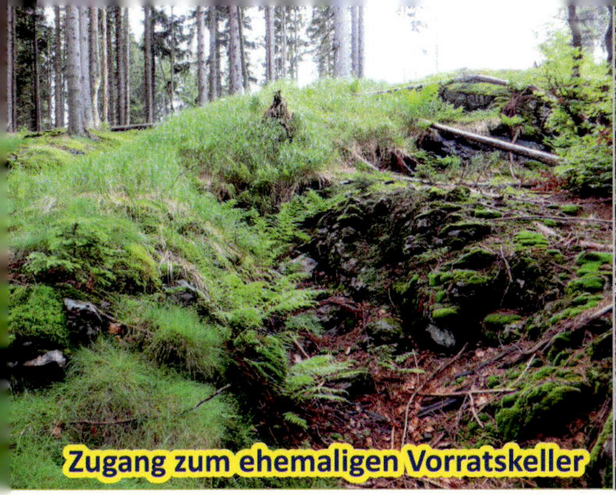

Zugang zum ehemaligen Vorratskeller

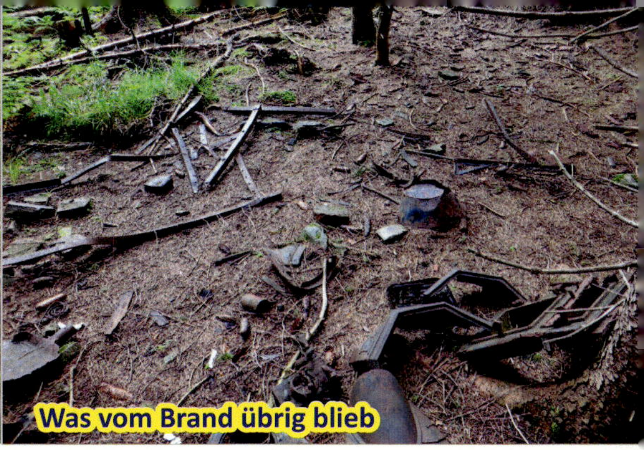

Was vom Brand übrig blieb

Alte Chamer Hütte

GPS der alten Chamer Hütte: N 49 07.495 • E 013° 06.137

Die Chamer Hütte wurde um 1910 an der Nordseite zwischen dem Kleinen Arber und dem Enzian erbaut. Der Wald an diesem Berghang war damals gerodet, da dieses Holz für die Glashütten gebraucht wurde. Das Holz wurde entweder direkt zur Glashütte transportiert und zur Befeuerung der Glasöfen verwendet oder an Ort und Stelle zu Pottasche verbrannt und als Pottasche zu den Glashütten gebracht. Die Pottasche selber wurde als Flussmittel zum Schmelzen des Quarzsandes benötigt. Mit ihr wurde der Schmelzpunkt des Sandes heruntergesetzt und so konnte man diesen zu Glas schmelzen. Ab etwa 1830 wurde keine Pottasche mehr benötigt, da es andere Verfahren gab.

Da nun diese Berghänge schneefrei waren, eigneten sie sich hervorragend zum Skifahren, diese Sportart kam zu

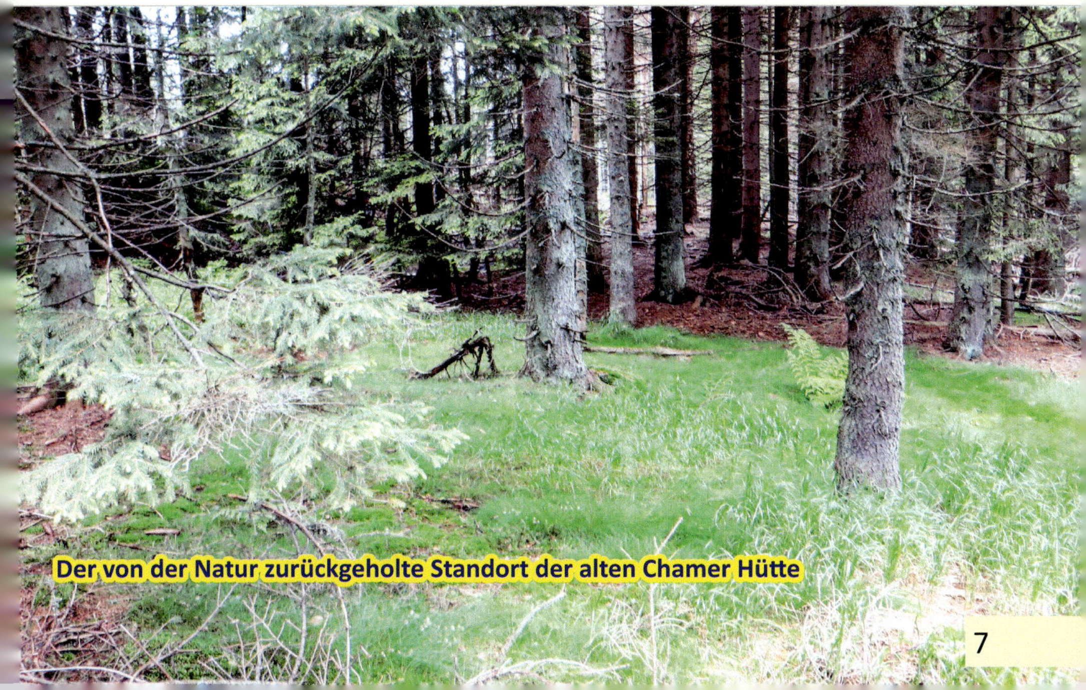

Der von der Natur zurückgeholte Standort der alten Chamer Hütte

dieser Zeit immer mehr in Mode. Da beschlossen einige Chamerer Skifreunde, hier eine Hütte mit Bewirtung und Übernachtung zu bauen. Die Hütte war etwa 10 Meter breit und etwa 30 Meter lang, mit dieser Größe hatte sie etliche Übernachtungsmöglichkeiten zu bieten. Eine Übernachtung war meistens vonnöten, da die Skifahrer zu dieser Zeit von Cham mit dem Zug nach Lam fuhren und von da zu Fuß zur Hütte hinaufstiegen.

In den 1930er Jahren brach in der Hütte ein Feuer aus. Bis die Feuerwehr Lam bei der Hütte sein konnte, war diese natürlich schon lange abgebrannt.

An der Stelle, wo diese alte Chamer Hütte stand, kann man heute noch die Überreste sehen, es liegen noch Geschirr, geschmolzenes Glas, Bettgestelle und Ofenteile herum. Neben der Hütte, Richtung Bergkamm, ist noch der verschüttete Eingang des Vorratskellers zu sehen.

Die neue Chamer Hütte wurde in den 1950er Jahren am Südhang des Kleinen Arbers gebaut, wo damals ebenfalls Skibetrieb möglich war. Mit der Zeit wandelte sich aber der Große Arber zu einem attraktiveren Skigebiet und so verlor die Chamer Hütte an Bedeutung. Erst mit dem vermehrten Aufkommen des Wanderns wurde diese Hütte wieder zum Mittelpunkt eines schönes Wandergebietes.

Ausgangspunkt: Bodenmais oder Lohberg

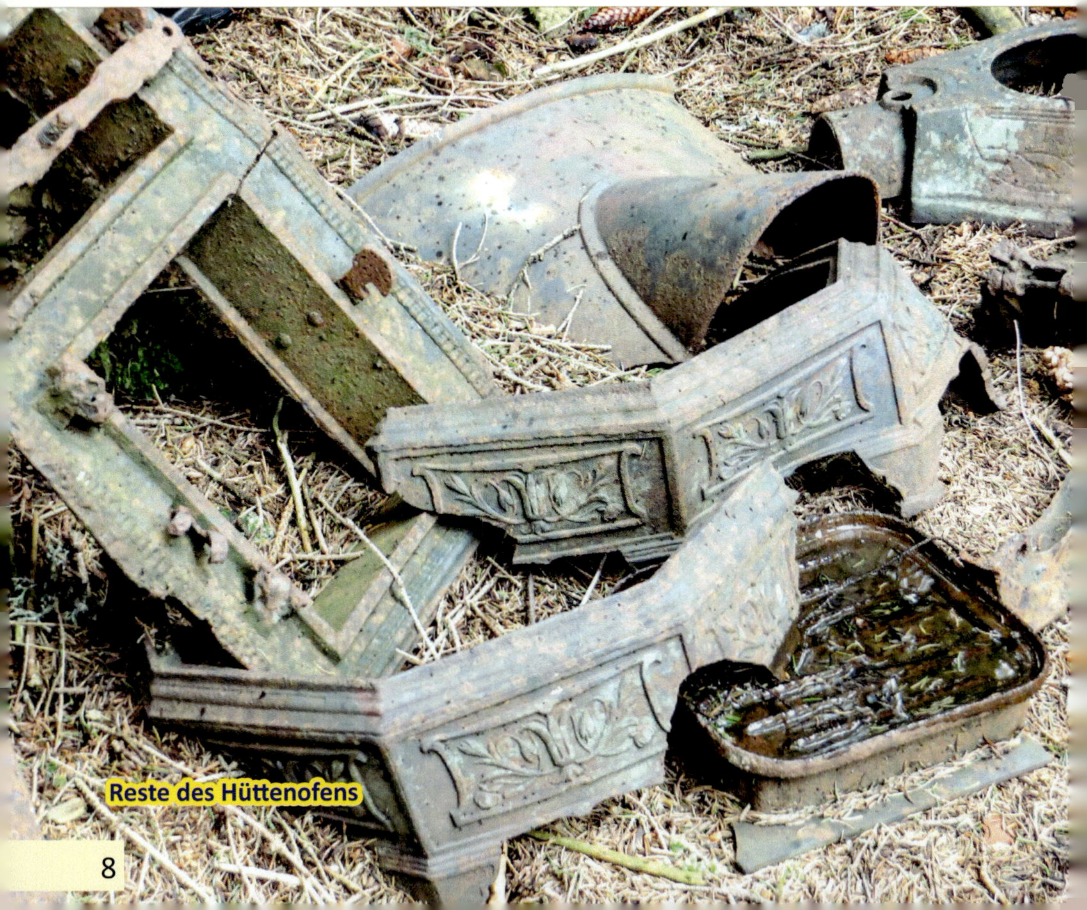

Reste des Hüttenofens

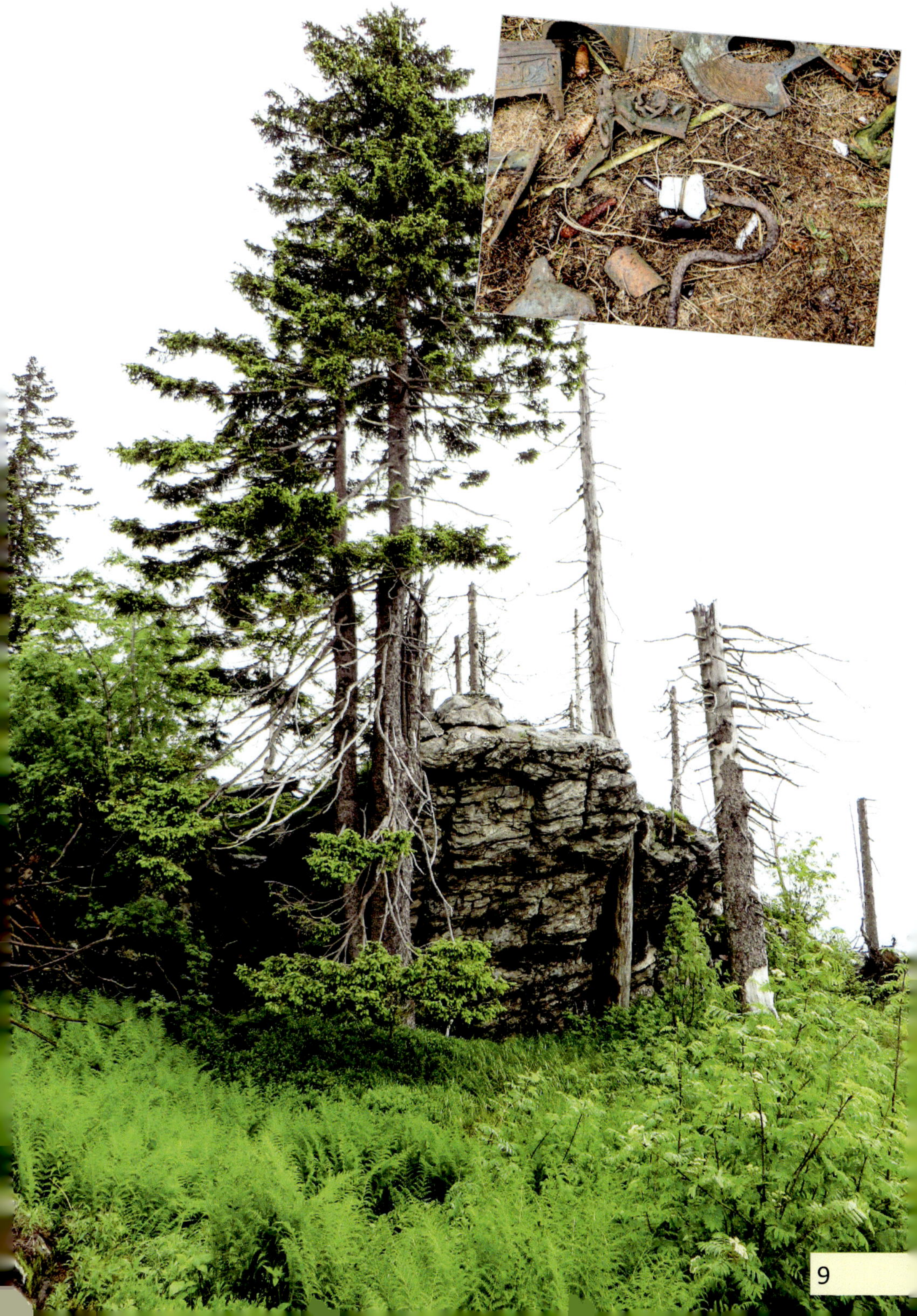

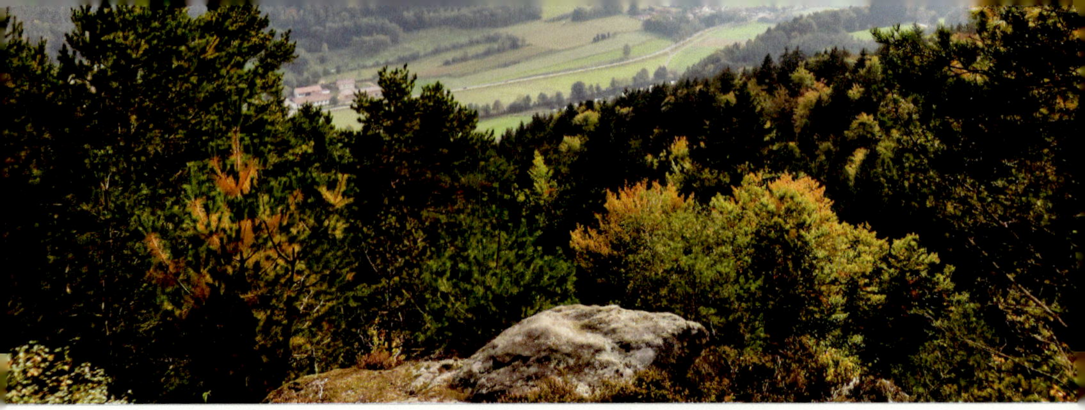

Jägerkreuz bei Miltach

GPS: N 49° 10.181 • E 012° 47.185

„Jägerkreuz“, so wird ein auf 545 Meter liegender Aussichtspunkt oberhalb von Miltach genannt. Es ist ein vom Berg herausragender Felsriegel, der für eine wunderbare Aussicht über das Regental zwischen Blaibach und Miltach sorgt. Ein großes Kreuz, das dort aufgestellt ist, zeigt die christliche Gesinnung der in der Gegend lebenden Menschen. Doch ein Stein neben dem Kreuz deutet auf einen viel älteren heidnischen Kultort hin. Der Stein neben dem Kreuz könnte als Altar, mit einer Opferschale in der Mitte, gedeutet werden, ein Opfertisch für die heidnischen Götter unserer Vorfahren.

Genau so beliebt, wie dieser Ort heute als Wanderziel ist, wird dies auch unsere heidnischen Vorfahren angelockt haben. Auch sie werden den Ausblick genossen haben und so diesen angenehmen Ort zu einem sakralen Heiligtum erklärt haben.

Ausgangspunkt: Miltach

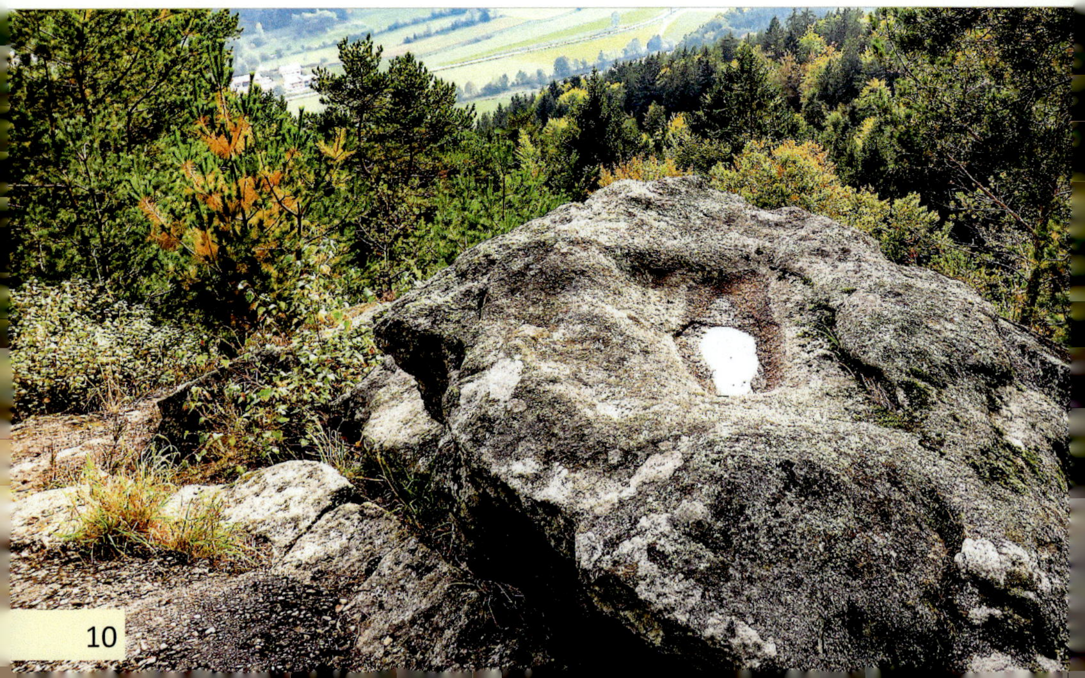

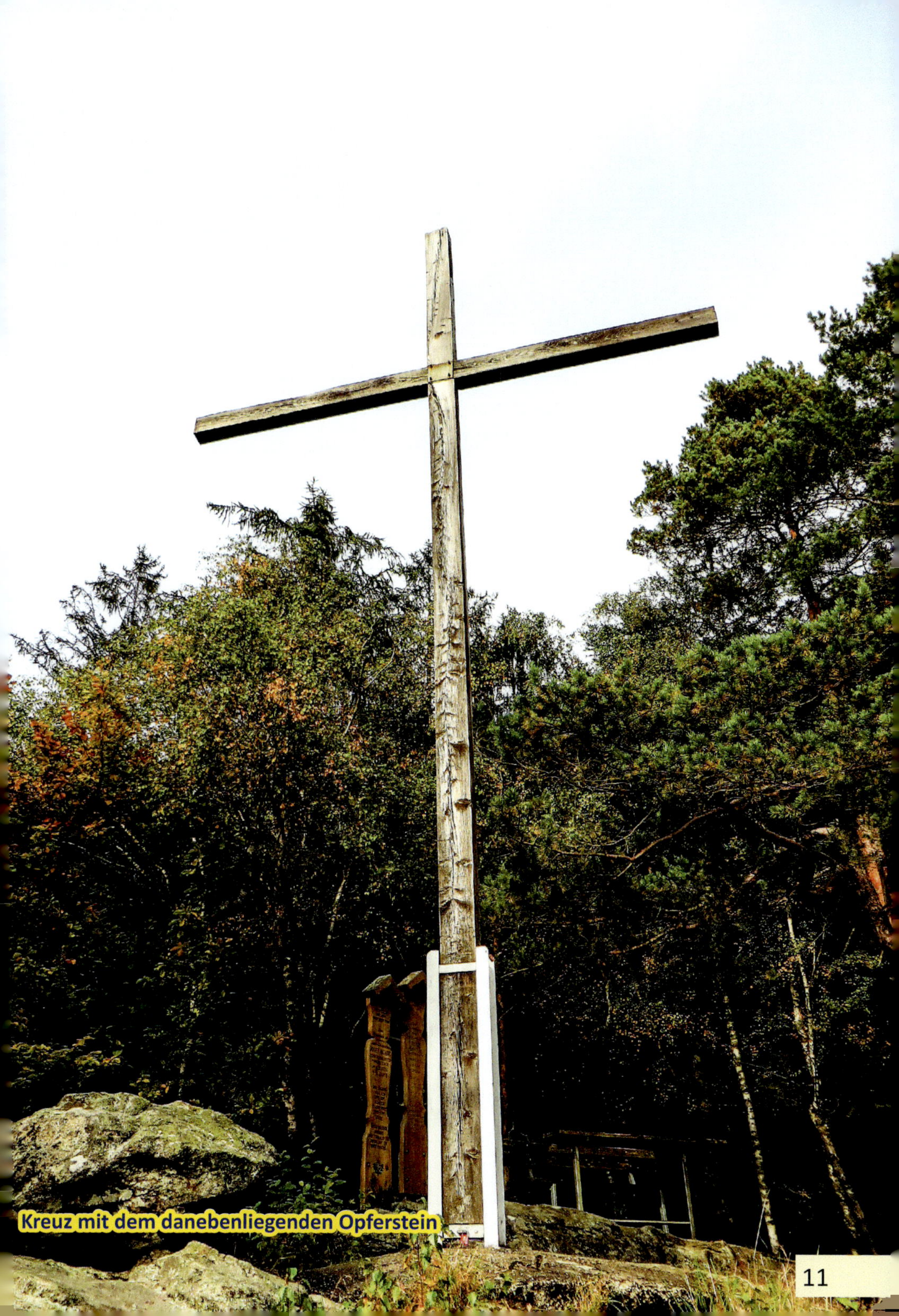

Kreuz mit dem danebenliegenden Opferstein

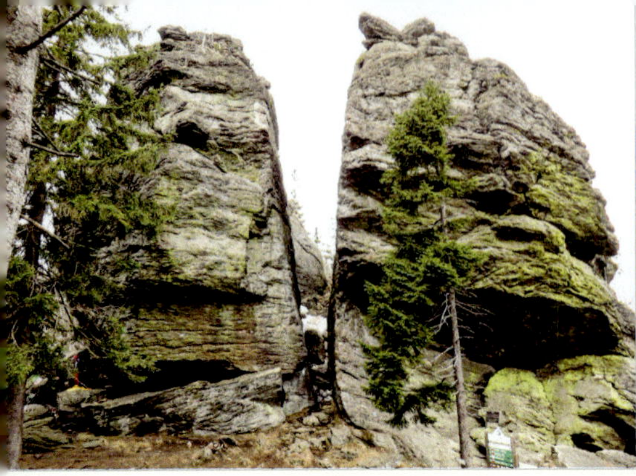

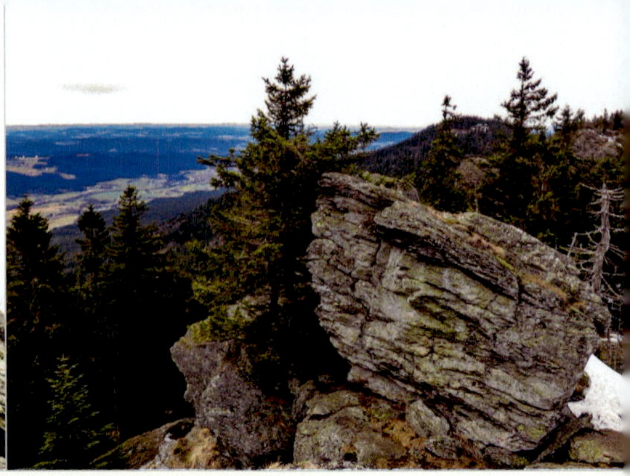

Die Rauchröhren beim Kaitersberg

GPS Daten: N49° 10.216 • E012° 57.634

Als um das Jahr 1633 die Schweden in die Gegend um den Kaitersberg einfielen, flüchteten die Einwohner in die tiefen und dichten Wälder. Viele unter ihnen versteckten sich bei einem Felsgebilde auf einem Bergkamm zwischen Kaitersberg und Eck. Diese Stelle war ideal, um nicht entdeckt zu werden, der Fels hat einen hohen Überhang, wo die Geflüchteten vor Regen und Schnee geschützt waren. Zwischen zwei Felsen ist eine eineinhalb Meter breite und zehn Meter hohe Spalte, in der sie in der Nacht ein Feuer entzünden konnten, ohne dass der Feuerschein aus der Spalte zu sehen war. Eine Quelle mit frischem Trinkwasser war auch in der Nähe der Felsen. Hier konnten die Einheimischen also so lange ausharren, ohne Gefahr zu laufen entdeckt zu werden, bis die feindlichen Soldaten wieder abzogen.

Diese Felsformation heißt seitdem „die Rauchröhren“.

Ausgangspunkt: Reitenberg bei Kötzting

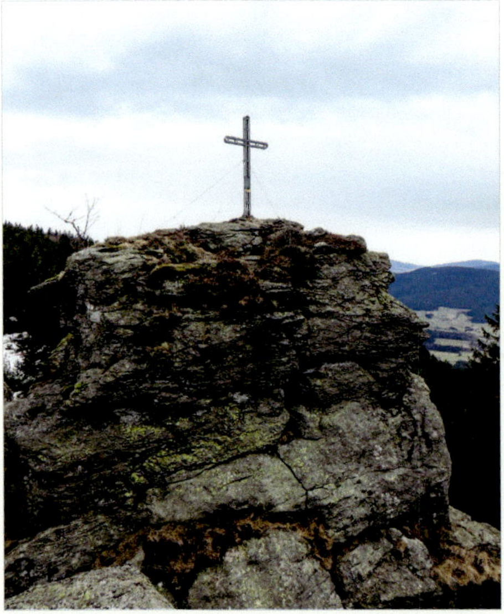

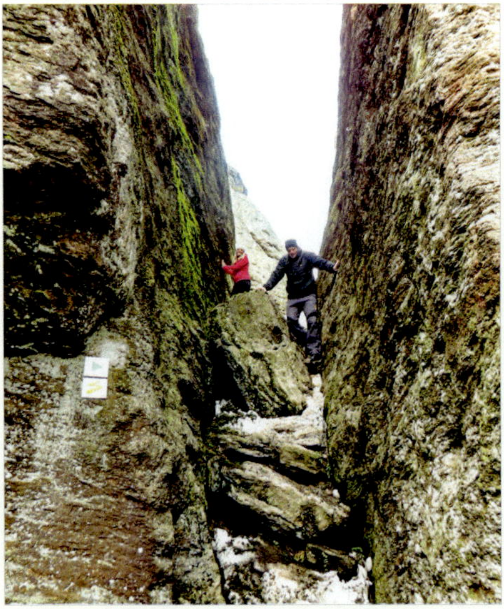

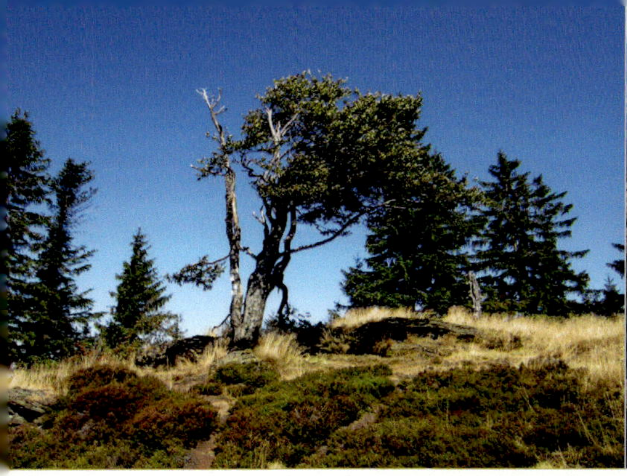
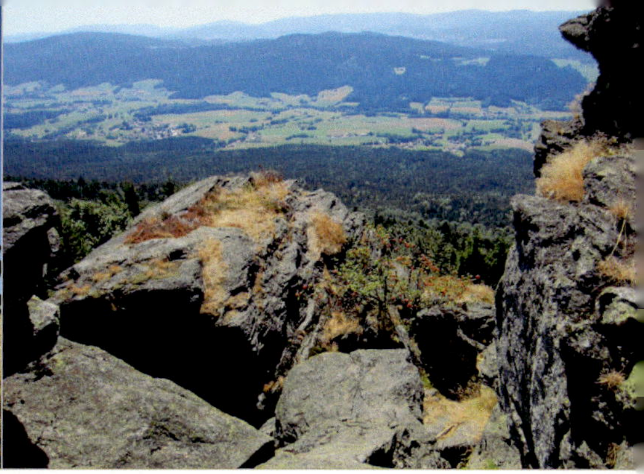

Steinbühler Gesenke

GPS Daten: N49° 10.374 • E012° 57.138

Das Steinbühler Gesenke ist eine freiliegende Felswand, in etwa der Mitte des Höhenzuges vom Kaitersberg. Dieser Ort war früher mit Bäumen bewachsen, so dass man die Felswand nicht sehen konnte.

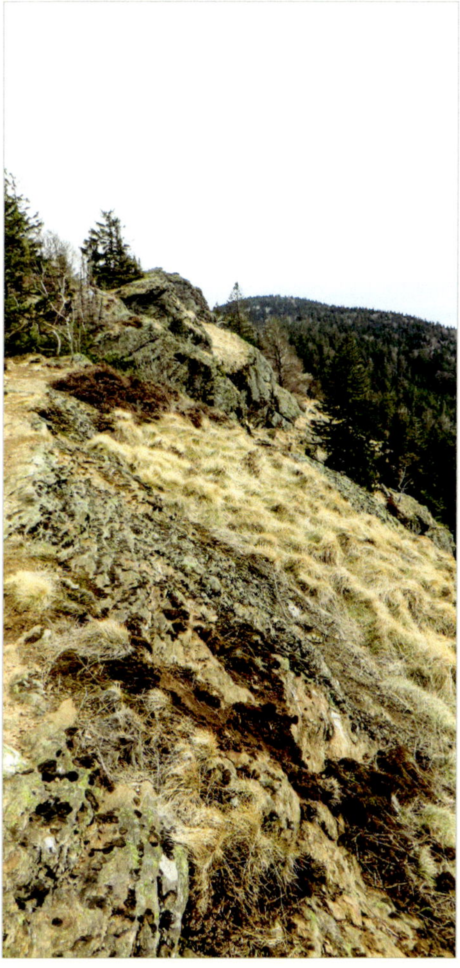

Im Sommer 1945 schlug an dieser Stelle ein Blitz ein und so entzündete sich dort ein Feuer. Dieses Feuer brannte dann mehrere Wochen lang, mal glaubte man, es sei erloschen, dann kam wieder ein Windstoß und entfachte den Brand von neuem.

Erst im Herbst 1945 kam ein großes Gewitter, bei dem ein Blitz in Thalersdorf einschlug und einen Bauernhof in Brand setzte. Mit diesem Gewitter kam ein großer Regen, der das Feuer am Steinbühler Gesenke endgültig löschte.

Bäume wuchsen nach dem Brand keine mehr an dieser Stelle, so hat man bis heute von der Felswand aus einen herrlichen Blick über das Zellertal. Bei einigen Einheimischen im Zellertal wird das Steinbühler Gesenke, als „brennda Stoa“ (gebrannter Stein) bezeichnet.

Ausgangspunkt: Reitenberg bei Kötzting

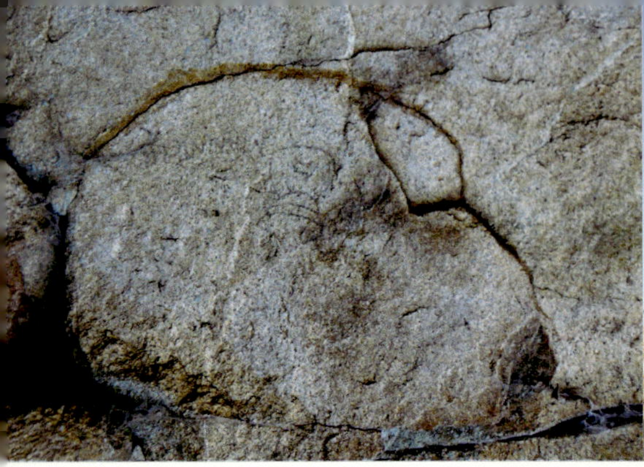 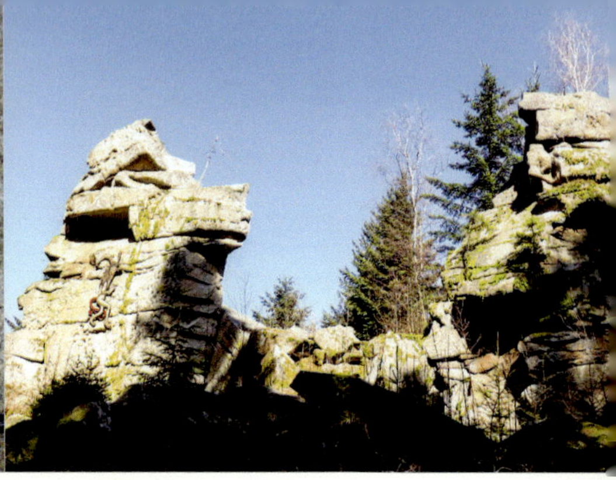

Die Teufelsmühle

- zwischen Prackenbach und Rattenberg -

GPS: N 49° 05.282• E 012° 46.939

Den Namen Teufelsmühle trägt eine Felsformation in der Nähe von Rattenberg. Über diesen Ort gibt es einige Sagen, alle haben mit dem Teufel zu tun. Genauso wie am Teufelstisch in Bischofsmais, sieht man an diesen Felsen die Wollsackverwitterung. Diese Felsen sind ein sehr markanter Punkt in der Gegend, was bei mir die Vermutung wachsen lässt, dass dieser Ort für unsere Vorfahren ein heiliger Ort war. Die Gegend dort ist bekannt für sakrale Plätze unserer Vorfahren, wie zum Beispiel der Keltenstein in Igleinsberg, der keine 3 km davon entfernt ist. Auch dass alle Sagen vom Teufel handeln, der sich dort aufhält, weist darauf hin, dass dort frühere Götter angebetet wurden.

Diese Götter wurden später von den christlichen Missionaren als Teufel verschrien und die Orte, an denen sie angebetet wurden, als Orte des Teufels bezeichnet, wie der Teufelstisch in Bischofsmais.

Von der Felsformation ragen zwei große Felsen gegen den Himmel. Meiner Meinung nach sehen die Felsen an der Spitze wie Drachenköpfe aus. Auf der einen Seite schaut einer nach links und auf der anderen Seite nach rechts. Sie stehen da wie die Wächter aus alten Zeiten. Unterhalb des rechten Wächters ist ein kleiner Schlupf durch den Felsen, wo man sich durchzwängen kann und so auf die hintere Seite gelangt. Vielleicht bildeten die beiden Felsen ein Tor zu der sakralen Stätte der Kelten, die im Bayerischen Wald viele sakrale Plätze hatten. Der Arber galt als heiliger Berg, vielleicht war dies ein Eingangstor, das auf einer alten Wallfahrtsstrecke zum Arber lag.

Der betrogene Teufel

Ein Müller hatte seine Mühle in der Nähe dieser Felsformation. Seine Mühle war alt und brachte nicht mehr viel Geld ein, daher waren er und seine Familie sehr arm. Da kam eines Tages der Teufel zu ihm und schlug ihm einen Handel vor. Er gab dem Müller Geld, um sich eine neue Mühle zu bauen, die ihm viel Reichtum einbringen sollte.

Als Gegenleistung musste der Müller ihm seine Seele verschreiben. Der Müller sollte jede Woche ein Goldstück in einen Stiefel werfen, wenn der Stiefel voll ist, würde der Teufel kommen und den Müller holen.

Der Müller war aber schlau. Er suchte sich einen Stiefel, der ein Loch in der Sohle hatte. So fiel das Geldstück, das er in den Stiefel warf, gleich wieder durch das Loch heraus. Nach ein paar Jahren kam der Teufel, um nach dem Stiefel zu sehen, wie weit er sich schon gefüllt hatte. Der Teufel merkte schnell den Betrug des Müllers, konnte ihm aber seine Seele nicht nehmen, da im Vertrag nicht stand, dass kein Loch in der Sohle sein durfte. Vor lauter Wut rannte der Teufel in den Wald zu der Felsformation, riss einen riesigen Felsen heraus und warf ihn auf die Mühle. Nachdem die Mühle zerstört war, fuhr der Teufel wütend zurück in die Hölle.

Diese Sage weist uns im Kern darauf hin, dass dort Götter angebetet wurden, diese sich aber dann durch den Wechsel zum katholischen Glauben verraten vorkamen und nun den Menschen zürnten.

Die Sage vom Teufelsstein

In der Nähe von Rattenberg ist ein Felsgestein, das den Namen Teufelsstein hat. Um dieses Felsengestein rankt sich eine eigenartige Sage, die seit Generationen vom Volksmund weitergegeben wird. Demnach soll vor langer Zeit ein Mädchen, das in der Nähe des Steines auf einer Wiese Vieh gehütet hatte, spurlos verschwunden sein. Der „Teifimüllner" habe sie geholt und an der Felsenwand erdrückt, so wird es seit jeher erzählt. Der „Teifimüllner" drückte die Ärmste so fest an das Gestein, dass sich die Falten ihres Kittelrockes in die Felsenwand eingruben, was heute noch zu sehen ist.

Dass es an diesem Ort nicht ganz mit rechten Dingen zuging, wussten die Vorfahren der umliegenden Dörfern schon lange, denn in ganz finsteren Nächten war oft ein Rumoren und Getöse zu hören bis in die umliegenden Ortschaften, wie Neurandsberg, Weißholz, Rattenberg und Moosbach. Scheu blickten sich die Leute dann anderntags an und raunten sich zu: „Heut' Nacht hat der Teifimüllner wieder g'mahlt!"

Ausgangspunkt: Rattenberg

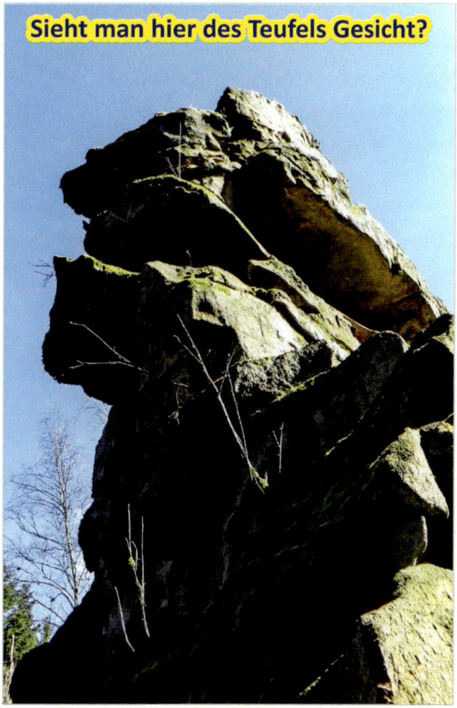

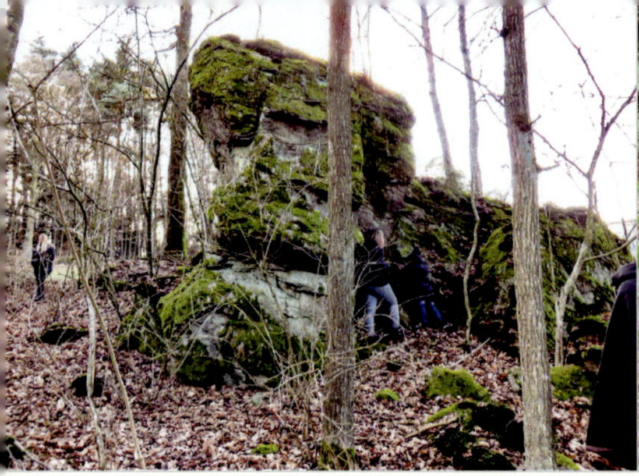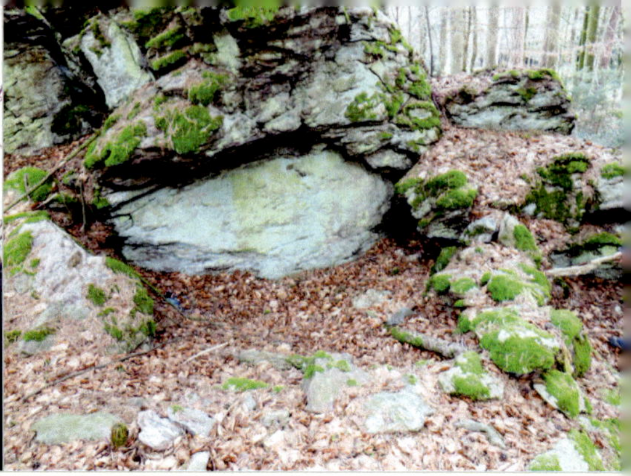

Pilzstein bei Anger

GPS N 049° 06.598 • E 012° 50.609

Erste Siedlung im Bayerwald

Zwischen Fichtental und Krailing befindet sich der Weiler namens Anger. Unterhalb dieses Anwesens befinden sich Wiesen und Äcker, die als »alte Heide« bezeichnet werden. Mitten in diesen Wiesen stehen ein paar Bäume, die einen markanten Felsen umschließen. Dieser Felsen hat die Form eines Pilzes und ist etwa 5 Meter hoch ist. Der Pilzstein selber weist verfärbte Stellen auf, die darauf hindeuten, dass bei diesen Felsen öfter Feuer gemacht wurden.

Auf den Äckern und Wiesen um diesen Felsen wurden immer wieder steinzeitliche Werkzeuge, wie Pfeilspitzen, Messer usw. gefunden, was darauf hindeutet, dass diese Gegend schon früh besiedelt war. Diese Funde stammen aus der Zeit der Chamer Kultur, die vor etwa 3000 Jahre in dieser Gegend nachgewiesen ist. In dieser Zeit zeichnete es sich ein Wandel ab, es wurden die freien und ungeschützten Flächen von den Menschen verlassen und es wurde an Berghängen oder auf Bergen gesiedelt. Vor der Chamer Kultur wurden Siedelungen nicht stark befestigt, es war genug Land für die wenigen Menschen vorhanden. Irgendetwas muss dann dazu geführt haben, dass sich die Menschen in höhere, leicht zu verteidigende Landschaften zurückzogen. Dies könnte eine Einwanderungswelle eines anderen Volksstammes gewesen sein, oder klimatische Veränderungen und Naturkatastrophen. Von dieser Stelle, wo der Pilzstein steht, ist es nicht mehr weit bis zur Further Senke, die schon seit Jahrtausenden besiedelt war. So ist es denkbar, dass sich zu der Zeit der Chamer Kultur hier Menschen niederließen und eine Siedlung errichteten, der Pilzstein war dann vermutlich ein sakrales Zentrum dieser damaligen Einwohner.

Um diesen Felsen müsste sich dann sozusagen die erste nachgewiesene Siedlung mitten im Bayerischen Wald befunden haben, also der älteste Ort des Bayerwaldes.

Der Stein wurde von Fritz Pfaffl, einem Geologen aus Zwiesel untersucht, er besteht aus Gneis mit Übergängen zu Perlgneisen und Körnelkneisen. Pfaffl gab diesem Stein den Namen »Georg Fischer Felsen«, da dies ein bekannter Kollege von ihm war.

Ausgangspunkt: Fichtental

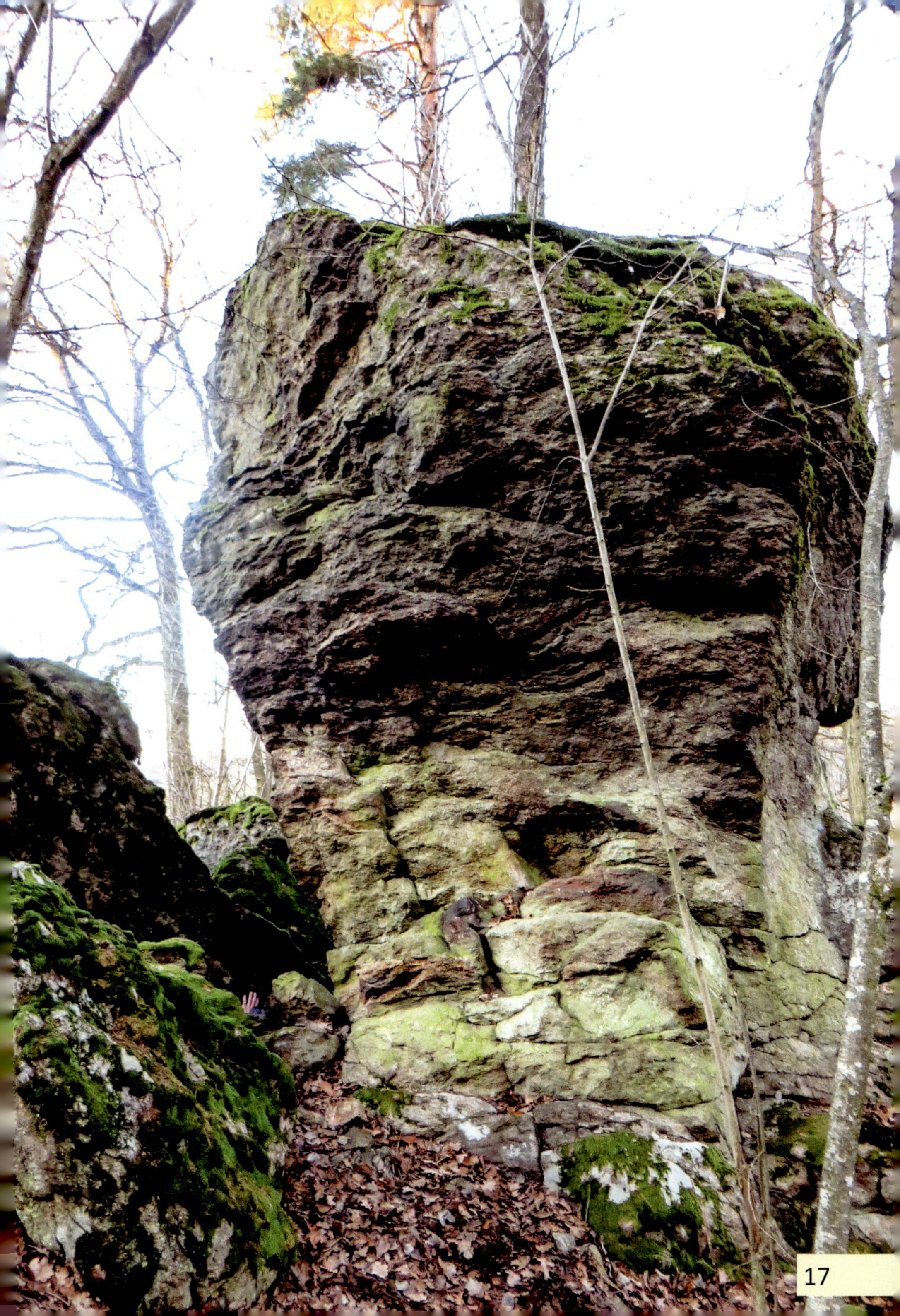

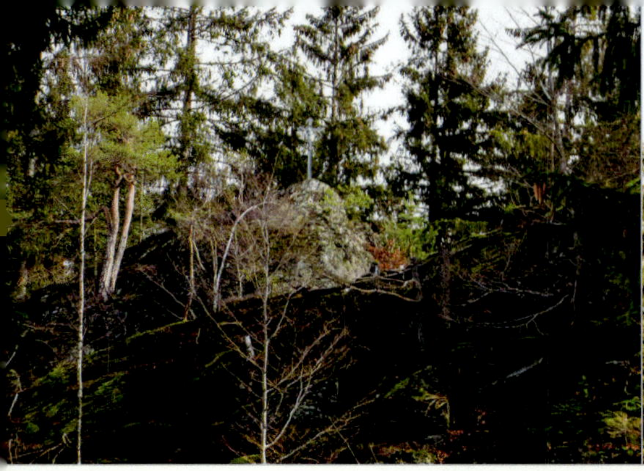 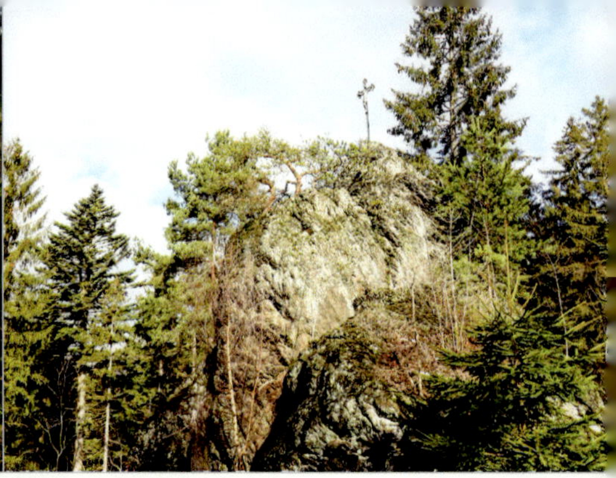

Der Anis bei Langdorf

GPS: N 49°01.056 • E 013°08.658

Der Anis ist ein kleiner Berg mit einer Felskuppe als Gipfel, auf dem ein Kreuz steht, zu dem ein Kreuzweg führt. Einigen alten Langdorfern ist der Berg auch als verfluchter Berg bekannt, da es dort oft nicht mit rechten Dingen zugeht.

Der Anisbuglschatz

Der Anisschatz soll aus der keltischen oder germanischen Zeit stammen, er soll so wertvoll sein, dass er ein ganzes Dorf reich machen könnte. Doch der Schatz wurde von seinem damaligen Besitzer mit einem Fluch belastet. Es sollen sich in den letzten Jahrhunderten schon viele auf die Suche gemacht haben, einige von ihnen wurden tot wieder aufgefunden. Alle sollen drei Messerstiche in der Brust gehabt haben. So hat sich die Sage entwickelt, dass der Schatz mit einem Fluch behaftet ist. Wenn jemand die Truhe findet und öffnet, dann springen drei unsichtbare Messer heraus und stechen den vermeidlichen Glückspilz in die Brust, so dass er sofort tot zusammenbricht. Es ist unmöglich, den Messern auszuweichen, da sie unsichtbar sind.

Der Gipfel des Anis ist ein markanter Platz in der Landschaft, der vielleicht von den Kelten als heiliger Ort verehrt wurde. Die Kelten sollen vor Tausenden Jahren vom Donauraum, wo sie ihre Siedlungen hatten, zu ihrem heiligen Berg, dem Arber gewallfahrtet sein. An bestimmten Orten hatten sie Opfersteine errichtet, wahrscheinlich immer eine Tagesreise entfernt zum nächsten, bis man letztendlich zum Arber kam. Vielleicht war der Anis damals ein solcher Ort und die Kelten hinterließen viele Opfergaben, die sich dann mit der Zeit zu einem wahren Schatz zusammensammelten. Vielleicht belegte ein Druide die Opfergaben mit einem Fluch, als andere Völker mit anderen Religionen in die Gegend kamen und die Kelten vertrieben, so dass niemand die für ihre Götter geweihten Opfergaben bekommen sollte. Andere Opfersteine befinden sich am Teufelstisch und am Riederinfelsen; viele sind bis jetzt noch nicht erforscht.

Der schwarze Hund am Anis

In der Abenddämmerung soll sich am Gipfel des Anis, wo das Kreuz auf dem Felsen steht, ein schwarzer Hund herumtreiben. Er hat in etwa die Größe eines Schäferhundes und rote glühende Augen. Wenn ein Sünder vorbeikommt, springt ihm dieser Hund auf den Rücken und lässt sich nicht mehr abwerfen. Der Sünder muss den Hund bis zum nächsten Stein am Kreuzweg tragen, dann springt er ab und läuft davon. Viele wollten laut alten Erzählungen den Hund nicht zum nächsten Stein tragen und wollten ihn abschütteln oder runterziehen. Doch immer hatte der Hund die Oberhand, so dass ihnen nichts übrigblieb, als den Hund zum nächsten Stein zu tragen, bis er selber absprang.

Schwarze Gestalt

Sechs 14- bis 15-jährige Jugendliche waren am Ortsrand von Langdorf auf einer Wiese, die am Anis angrenzt, zelten. Wie Jugendliche in diesem Alter eben sind, erzählten sie sich Geistergeschichten. Als einer dann die Geschichten von dem schwarzen Geisterhund erzählte, fing plötzlich ein Hund in ihrer Nähe zu bellen an. Die Jugendlichen erschraken und der Erzähler unterbrach seine Erzählung, da hörte auch der Hund zu bellen auf. Nach dem ersten Schrecken erzählte der Junge weiter und wieder fing der Hund an zu bellen. Da liefen alle ins Dorf um zu sehen, woher das Gebell kam und von wem der Hund sei. Aber als sie im Dorf angekommen waren,

bellte dort kein Hund. So gingen sie wieder zu ihren Zelten.

Da sie es nun genau wissen wollten, ob wieder ein Hund zu bellen anfing, erzählte der Junge die Geschichte weiter und wieder fing ein Hund zu bellen an. Der Junge wollte die Geschichte fertig erzählen, doch kurz vor dem Schluss hörte das Bellen plötzlich auf und eine schwarze Gestalt rannte über die Wiese. Diese schwarze Gestalt wurde von allen Jugendlichen gesehen; alle wollten nun nur noch nach Haus und so hatte das Zelten ein jähes Ende.

Der Boandlkramerhund

Der sogenannte Boandlkramerhund oder Knochenhund genannt, soll bei denen, die in der Nähe des Anis zelten, in der Morgendämmerung vorbeikommen. Dieser Hund soll dann vor das Zelt die Überreste seiner in der Nacht gerissenen Beute legen. Dies sind meistens nur noch die angenagten, blutigen Knochen und ein paar Fellreste.

Angeblich soll der Hund versuchen ins Zelt zu kommen, ist es aber verschlossen, gibt er schnell sein Vorhaben auf und legt nur die Knochen davor ab. Denjenigen, die das Zelt nicht verschlossen haben, soll Böses widerfahren.

Ein paar Jugendliche zelteten in der Nähe des Anisberges. Als der Morgen graute, hörten sie, wie etwas um ihr Zelt schlich und an diesem kurz zupfte. Keiner wollte aufstehen und nachsehen, was das sein mochte. Als sie dann am Morgen das Zelt verließen, waren blutige Knochen davor. Die Jugendlichen vermuteten, dass dies die Überreste eines Wildhasen gewesen sein mussten. Alle waren sich sicher, dass sie der Boandlkramerhund in den frühen Morgenstunden besucht hatte und alle waren froh, dass sie das Zelt mit dem Reißverschluss verschlossen hatten.

Ausgangspunkt: Langdorf

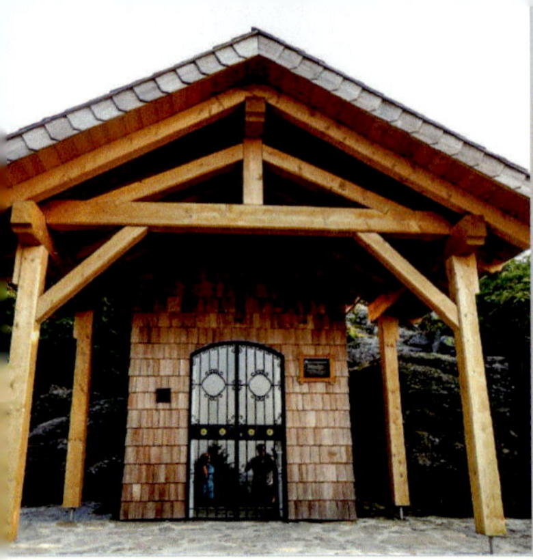

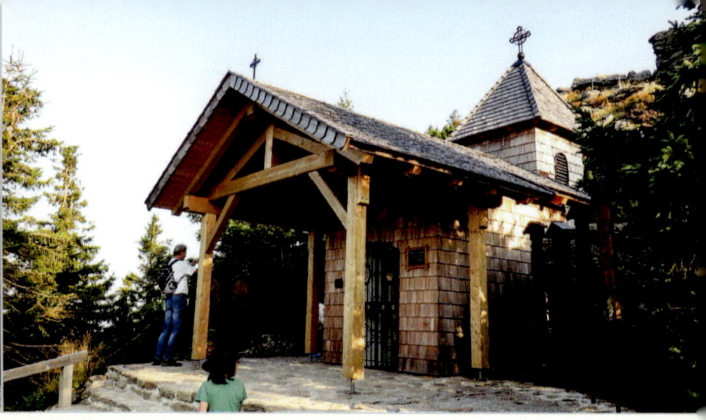

Kapelle auf dem Arber

GPS: 49°06 409 N • 013°08 163 E

Sage

Sage: „Der Arber galt lange als verrufener Berg. Dort lebte die gefürchtete Arberhexe. Sie war die mächtigste und böseste Hexe des Bayerwaldes."

Hinter dieser Geschichte steckt, dass die Kelten den Arber als Sitz ihrer dreifaltigen Göttin ansahen, die oft als weiße, rote oder schwarze Frau gesehen wurde. Je nachdem wie sie gekleidet war, brachte sie Gutes oder Schlechtes zu den Leuten.

Der Arber selbst scheint, wenn man diesen von der Ferne betrachtet, als hätte er drei Gipfel, was diesen Kult begünstigt haben wird. So wallfahrteten unsere Vorfahren zum Arber, um dieser Göttin zu huldigen.

Als dann das Christentum Einzug hielt, verrief man diese Göttin zur Hexe und keiner sollte sich mehr auf diesen Berg wagen, ansonsten würde er verhext werden. Dies war dann so stark in den Gedanken der Waidler eingebrannt, dass sie den Berg bis 1800 mieden. Erst als die Sommerfrischler kamen wollten diesen Berg ersteigen. Um die Arberhexe zu bannen, errichtete man gleich Anfang 1800 die Arberkapelle.

Es wird auch erzählt, dass auf dem Arber eine zweite Kapelle war, deren Standort aber keiner mehr kennt. Ist hier in der Sage ein alter heidnischer Kultplatz gemeint, der in Vergessenheit geriet und überwuchert wurde?

Ausgangspunkt: Arberlift-Talstation oder Brennes

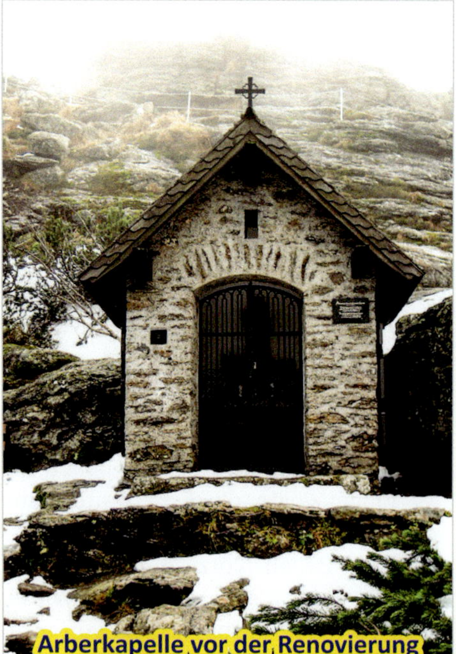

Arberkapelle vor der Renovierung

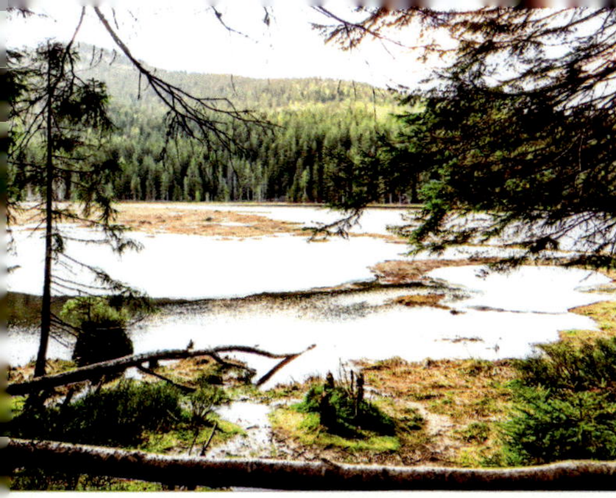 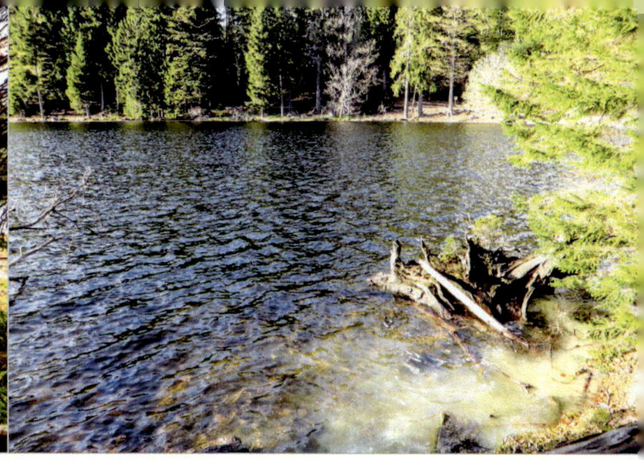

Der Arbersee sucht sich seine Opfer

GPS: N 49° 05.928 • E013° 09.510

Eine alte Sage erzählt, dass einmal ein Wanderer um den Großen Arbersee ging, da hörte er eine Stimme flüstern: »Nicht die richtige Zeit, nicht das richtige Opfer«. Der Mann suchte, woher die Stimme kam, konnte aber nirgends jemanden sehen. So dachte er sich, der Wind hätte ihm einen Streich gespielt, als dieser durch die Äste pfiff.

Kurze Zeit darauf begegnete er zwei anderen Wanderern, einem Mann und einer Frau, die diese Tour entgegengesetzt gingen, sie grüßten sich freundlich und gingen aneinander vorbei. Ein paar Minuten später hörte der Wanderer wieder diese flüsternde Stimme: »Der richtige Ort und das richtige Opfer«. Wieder schaute er sich um und konnte niemanden entdecken. Einige Tage darauf erfuhr er, dass an diesem Tag, wo er um den Arbersee ging, ein Pärchen verschwunden war, erst Tage später fand man ihre leblosen Körper auf der Wasseroberfläche treiben, beide waren ertrunken.

Immer wieder verunglücken Menschen tödlich in der Nähe des Arbersees, manche stürzen von der Arberseewand ab und andere ertrinken im See.

Deutet diese alte Sage auf einen uralten Ritus unserer Vorfahren hin? Wurde der Arbersee als kultischer Platz verehrt und für Opfer genutzt? Für die Kelten waren bestimmte Gewässer heilige Orte, an denen sie Opferungen machten. Es wurden Waffen von besiegten Feinden versenkt oder sogar Menschenopfer vollbracht ...

War der Arbersee ein solcher Ort, der in den Augen der Kelten mit einem Opfer besänftigt werden musste?

Die folgenden Sagen könnte das bestätigen:

Die goldenen Fische vom Arbersee

Im Arbersee schwimmen laut alter Legende goldene Fische, sie haben Augen aus den schönsten und wertvollsten Edelsteinen. Wer einen solchen Fisch fängt, der könnte sich ein Königreich darum kaufen, so wertvoll sollen diese sein.

Aber wehe dem, der diese Fische aus dem Wasser holt, dieser wird vom Arbersee verschluckt und muss elendig ertrinken."

Deutet diese Geschichte auf die geopferten Schätze hin? Soll sie die Menschen

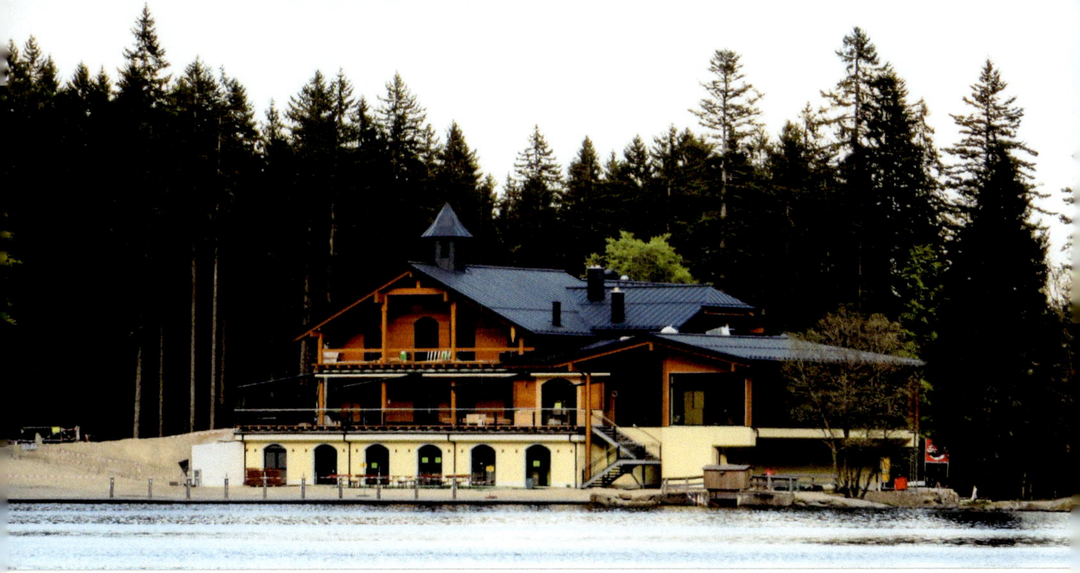

davon abhalten, diese zu bergen und so die Götter zu erzürnen?

Keine Steine in den Arbersee werfen

In den Arbersee darf man keine Steine werfen, die Ruhe dieses Gewässers darf nicht gestört werden. Wer Steine hineinwirft, erzeugt Wellen, der Arbersee kann laut alter Erzählung diese so groß machen, dass das Wasser aus dem See schwappt und das darunterliegenden Land, den Bayerwald, komplett überflutet und so alle Menschen in den Fluten sterben müssen.“

Deutet diese Sage darauf hin, dass der Arber für unsere Vorfahren ein sakraler Ort war, an welchem Ehrfurcht und Demut zu zeigen sind, um die dort lebenden Wesen und Götter nicht zu beleidigen, ähnlich wie bei den sakralen Orten der heutigen Zeit?

Tor zur Anderswelt

Der Arbersee hat den Ruf, ein Tor zur Unterwelt zu sein. Wer tief in den Arbersee hinabtaucht, kommt in der Unterwelt wieder heraus. Durch seine schwarze Färbung hielt man diesen See für einen Zugang zur Hölle. Vielleicht glaubte man, dass durch solche Zugänge die Teufelsbrut auf die Erde kam. So war dieser See zu meiden, denn wer wollte gerne in der Nähe sein, wenn ein Dämon aus dem See aufstieg?

Diese Geschichte deutet wieder auf einen sakralen Ort unserer Vorfahren hin. Was für die Kelten und Germanen heilig war, wurde später von der Katholischen Kirche als Teufelsort verrufen. Daher wurde dieser sakrale See, an dem sich unsere Vorfahren wohlfühlten, als Tor zur Unterwelt verrufen, der unbedingt zu meiden war. So brachte die Kirche die Heiden von ihren alten sakralen Plätzen weg und machte den alten Glauben vergessen.

Weiße Gestalten um Mittwinter

Laut alten Überlieferungen tanzen um Mittwinter auf dem zugefrorenen Arbersee weiße Gestalten.

Ist dies ein Hinweis, dass an Mittwinter die Druiden dort ein Fest feierten? Für unsere Vorfahren war der Mittwinter ein großes Fest, die Sonne war an diesem Tag am Tiefpunkt angekommen. Ab diesem Tag wurden die Tage wieder länger, der Sonnengott hatte die Dunkelheit besiegt. Natürlich wurden diese Feste an den sakralen Orten abgehalten, also kann es auch gut möglich sein, dass sowas am Arbersee stattfand. Heute ist der Arbersee im Winter ein unwirtlicher Ort, tief zugefroren und eiskalt, aber es gab Zeiten, wo die Temperaturen in dieser Gegend deutlich höher lagen und milde Winter stattfanden.

Kleiner und Großer Arbersee sind unterirdisch verbunden

Eine alte Sage erzählt, dass an den beiden Arberseen zwei Brüder immer wieder fischten. Einmal zog einer der Brüder eine Forelle aus dem Großen Arbersee und band ihr ein rotes Bändchen um, dann ließ er sie wieder in den See zurück. Am anderen Tag fing sein Bruder am Kleinen Arbersee diese Forelle, so wussten sie, dass es eine unterirdische Verbindung geben musste.

Diese Geschichte könnte uns sagen, dass sowohl der Kleine als auch der Große Arbersee heilige Orte für unsere Vorfahren waren und beide in Verbindung standen.

Der Große und Kleine Arbersee sind sogenannte Karseen, die durch die ehemaligen Gletscher entstanden sind. Eingerahmt werden beide Seen durch die jeweiligen Seewände und die großen umliegenden Berge. So sind diese beiden Seen wunderbare und mystische Orte, damals wie heute noch.

Ausgangspunkt: Parkplatz Großer Arbersee

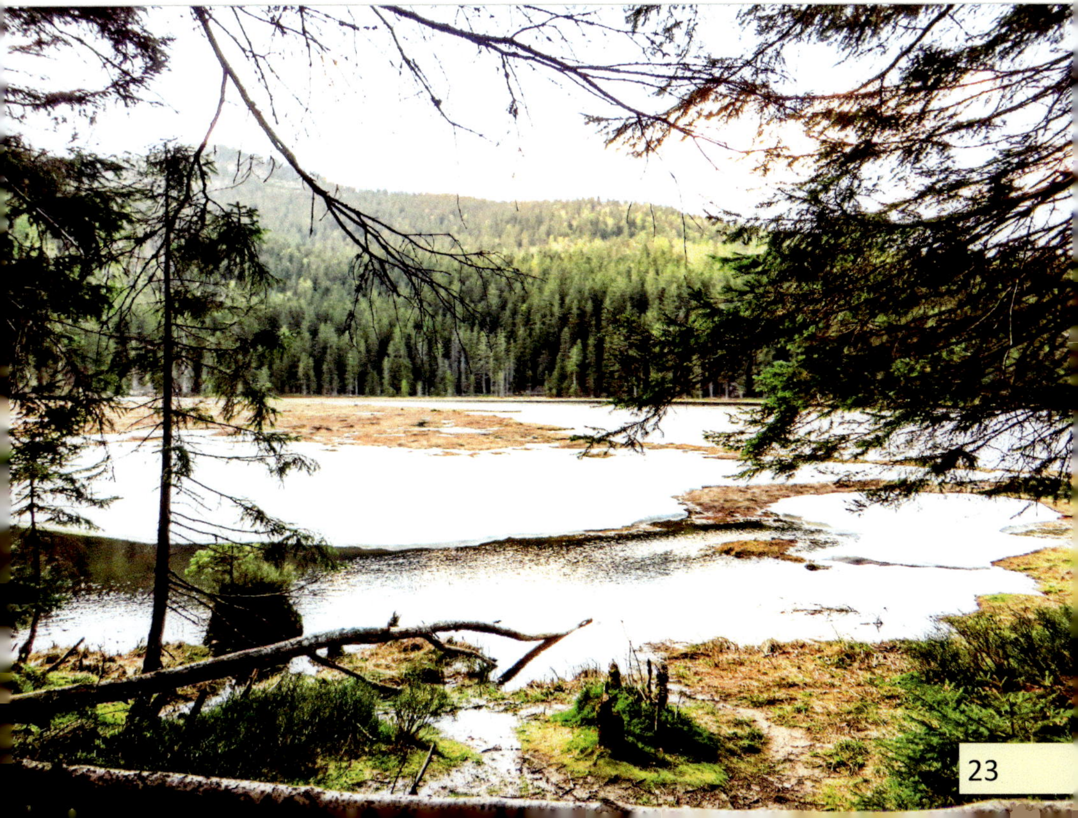

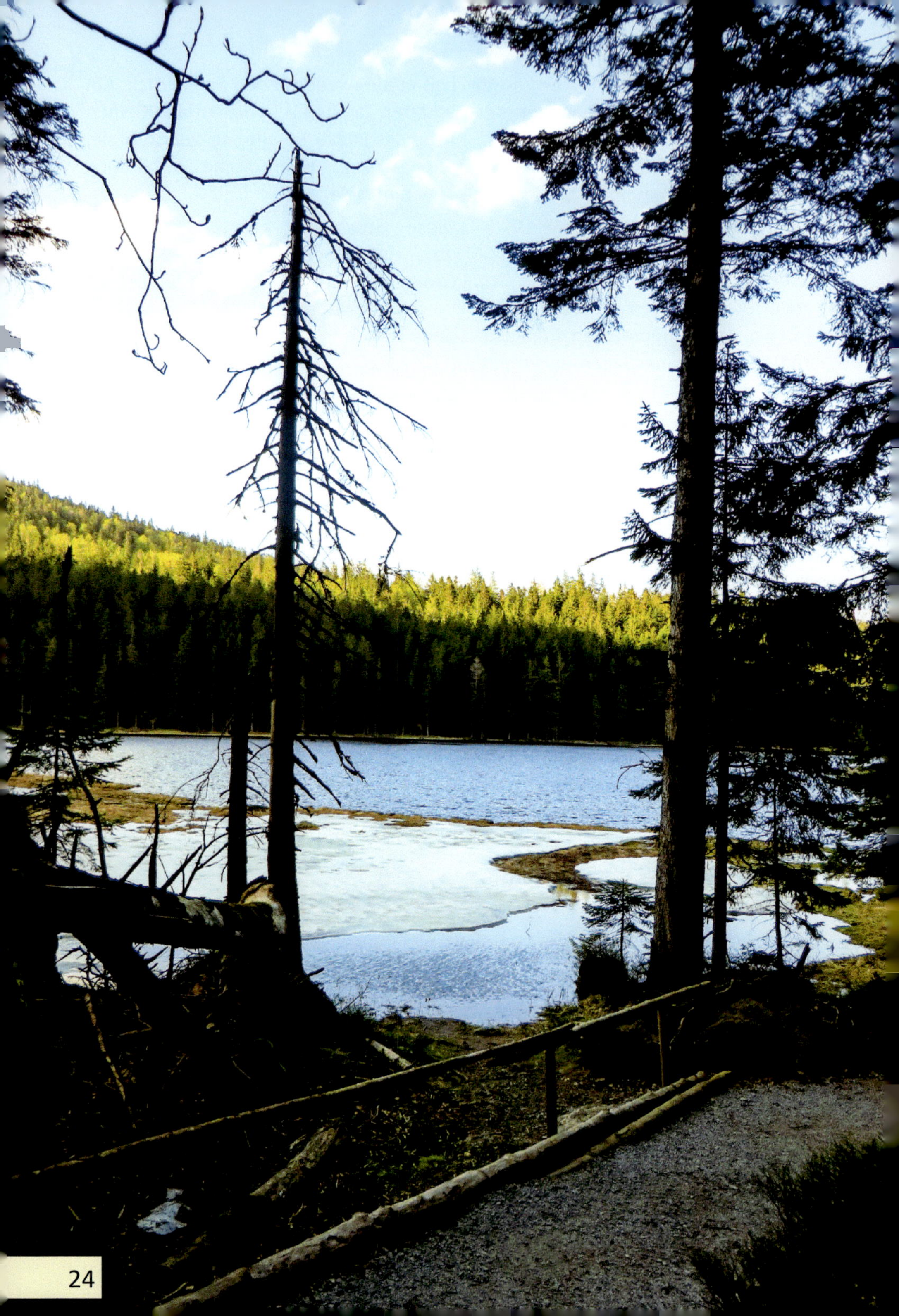

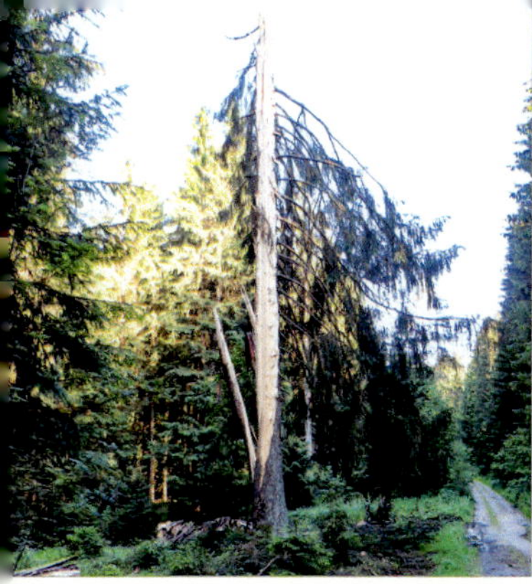

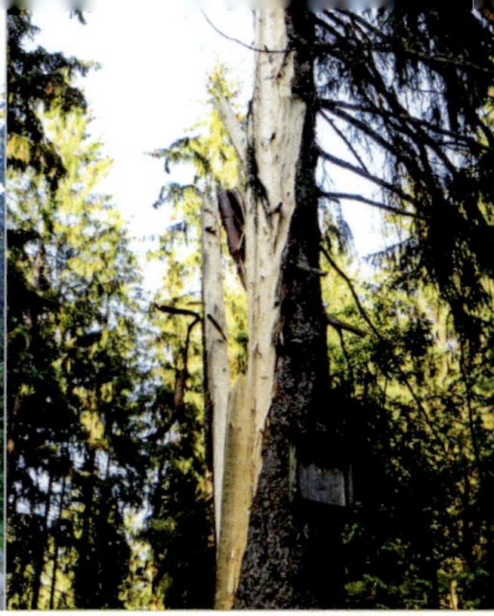

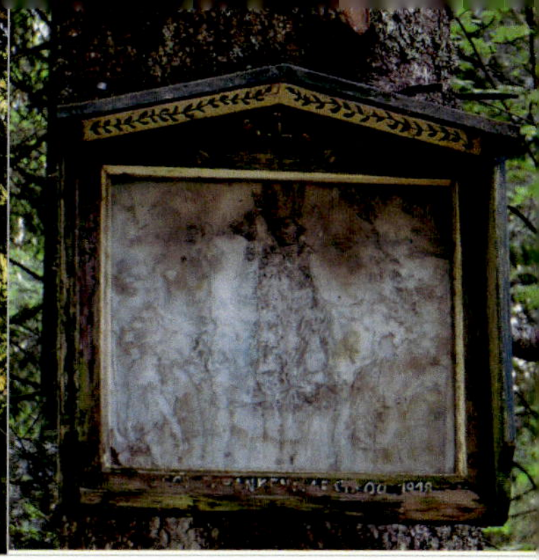

Blitzbaum bei Weißenstein

GPS Daten Blitzbaum: N 48° 56.385 • E 013° 08.940

Am 4. Juni 2016 schlug bei einem schweren Gewitter der Blitz in einen Baum nahe Weißenstein ein. Dieser wurde durch den Blitz so stark beschädigt, dass ein großer Teil des Baumes abgesprengt wurde.

In etwa drei Metern Höhe hängt an dem Baum ein Marienbild. Der Riss, der den Baum gespalten hat, drehte ungefähr einen halben Meter über dem Bildnis zur Seite ab, so dass es verschont blieb. Der Blitz selber, so sieht man es an den Spuren im Baum, ist aber direkt auf das Bildnis zugelaufen, wich dem Marienbild im Zickzack aus und verschonte es ebenso.

Wenn man sich dieses Marienbild genauer ansieht, entdeckt man, dass es sich hier um die schwarze Madonna von Altötting handelt. Diese wird bei starken Unwettern angebetet, um verschont zu bleiben. Oft ist das Bildnis der Schwarzen Madonna auf den schwarzen Wetterkerzen zu sehen. Diese Kerzen zündet man bei einem Gewitter an und betet zur Gottesmutter, dass Haus und Hof verschont bleiben.

Hat der Blitz gegen dieses Marienbildnis keine Macht gehabt?

Unsere Welt ist so rational, dass man solche kleinen Wunder nicht mehr wahrnehmen will oder kann. Man sollte öfter mit offenen Augen durch die Natur gehen, um die Kraft Gottes zu erblicken.

Das wundersame Marterl des Blitzbaumes wurde entfernt und ein paar Bäume weiter wieder angebracht.

Am Blitzbaum selber sieht man nun, dass genau dort, wo das Marterl angebracht war, der Blitz gestoppt wurde.

Mystisches zu den Blitzbäumen

- Wer einen angebrannten Splitter eines Blitzbaumes unter den Dachstuhl legt, der soll vor Blitzschlag geschützt sein.
- Wer einen Splitter in die Wohnung legt, der ist vor Ärger, Zwist und Krankheit geschützt.
- Wer einen Splitter im Geldbeutel mit sich trägt, der ist vor Anfeindungen geschützt.

Ausgangspunkt: Weißenstein bei der Stadt Regen

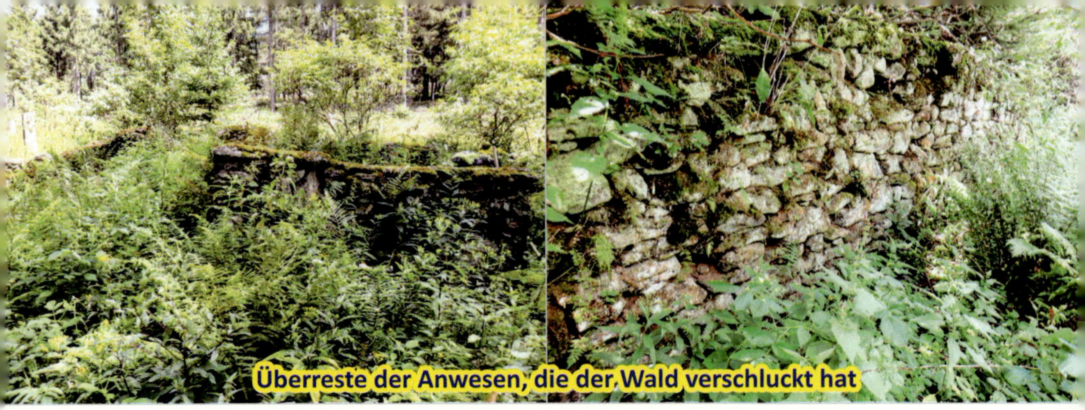

Überreste der Anwesen, die der Wald verschluckt hat

Ehemaliges Bergdorf Oberbreitenau

GPS des Dorfes: N 48° 54.925 • E 013° 01.976

In der Unterbreitenau, wo heute die Schiliftstation am Geißkopf ist, stand vor langer Zeit eine Glashütte, die den Grafen von Degenberg gehört hatte. Da diese Glashütte viel Holz und Pottasche zum Befeuern der Glasöfen brauchte, siedelte der Graf 1585 eine Handvoll Menschen auf der Oberbreitenau an, die als Waldarbeiter und Kohlebrenner dort oben arbeiten sollten. So hießen die ersten Siedler auf der Oberbreitenau Aschenbrenner, da sie nach ihrem damaligen Beruf benannt wurden. Diese Glashütte ging dann im Laufe der Zeit an das Irlbacher Adelsgeschlecht über und wurde später stillgelegt. Den Irlbachern gehört heute noch eine große Waldfläche am Breitenauer Riegel.

Das Leben auf dieser Hochebene war ziemlich schwer. Um sich selber versorgen zu können, bauten die Dorfbewohner Rüben und Getreide an, wobei ihnen das Getreide auf dieser Höhe oft vor der Ernte erfror. Die Bauern räumten immer die Steine aus den Feldern, um besser ackern zu können und schichteten sie am Feldrand zu einer Mauer auf. Der Winter dauerte meistens von Oktober bis Mitte April, es gab aber auch Winter, wo im Mai noch einen Meter hoch Schnee lag. Im Laufe der Jahre gab es dann auf der Oberbreitenau neun Höfe, die bewirtschaftet wurden. Die Felder befanden sich auf der Fläche zwischen Geißkopf und dem Landshuter Haus. Dieses Landshuter Haus war früher ein Bauernhof, der 1925 zu einem Gasthaus umgebaut wurde. Die freie Fläche wurde in den 1950er Jahren vom Staat wieder aufgeforstet, so dass man heute nur noch den Wald sieht. Inmitten des Waldes erinnert nur noch eine unscheinbare Steinmauer an diese Äcker.

Ab 1925 wurden die ersten Höfe verlassen. Als dann Adolf Hitler an die Macht kam, plante er auf der Oberbreitenau einen militärischen Segelflugplatz zu bauen. Hier sollten die Segelflieger starten, um dann die ganze Donauebene zu überwachen. So wurden auch noch die letzten Bergbauern zwangsenteignet. Nur eine Familie, die nicht aus dieser Gegend wegzubringen war und das Landshuter Haus durften bleiben, sie störten auch nicht besonders, da sie abseits der geplanten Landebahn standen. Damals wurde versucht das Hochmoor trockenzulegen; die Gräben

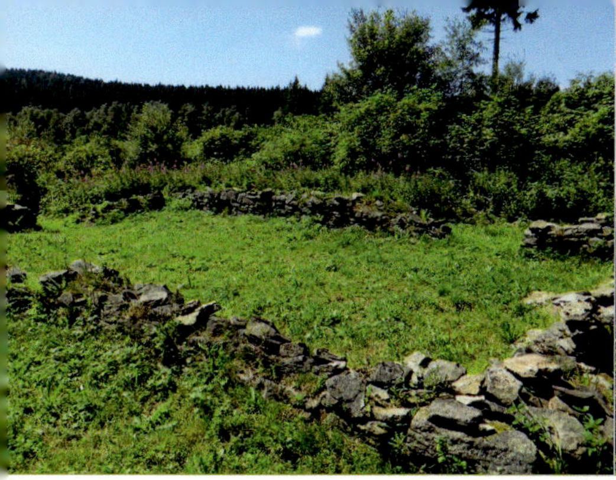
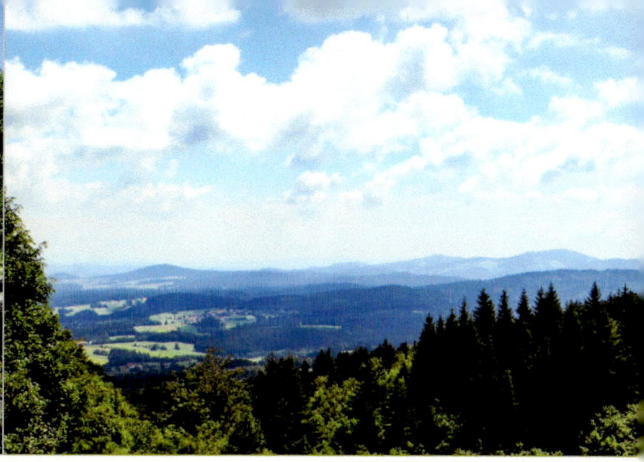

und Löcher, in denen das Wasser ablaufen sollte, sieht man heute noch. Der Bau konnte jedoch durch das Kriegsende nicht zu Ende gestellt werden und die angefangene Schneise der Landebahn war noch bis in die 1970er Jahr zu sehen. In den 1950er Jahren ging dann auch die letzte Familie von der Oberbreitenau, nur die Mutter des Bauern blieb noch allein zurück. Diese Frau starb in den 1960er Jahren als letzte Einwohnerin des Bergbauerndorfes Oberbreitenau.

1991 begann man mit der Ausgrabung des alten Dorfes. Heute kann man die Grundmauern der Höfe sehen und sich ein Bild über die Lebensweise von damals machen.

Eine wahre Geschichte von der Oberbreitenau

Da dieses Dorf im Winter oft lange eingeschneit war, konnte man die Toten nicht nach Bischofsmais bringen zum Beerdigen. Daher richteten sich die Dorfbewohner im Herbst Särge nach Hause. Diese bewahrte man auf den Dachboden oder in den Scheuen auf, wo die Toten dann gefroren und daher nicht verwesten.

Ein altes Ehepaar holte sich zwei Särge nach Hause und lagerte diese im unbeheizten Dachboden. Als dann der Mann im Winter starb, legte man ihn in einen der beiden Särge und wartete, bis man den Toten ins Dorf bringen konnte. In dem anderen Sarg bewahrte die Familie Kletzen (Trockenobst) auf, da es hier vor Ungeziefer sicher war. Als nun 14 Tage vor Ostern die Erde auftaute, brachten die Oberbreitenauer den Sarg nach Bischofsmais und beerdigten ihn. Am Gründonnerstag wollte die Tochter des Toten einen Kuchen für Ostern backen und ein paar Kletzen aus dem anderen Sarg holen. Als sie ihn nun öffnete, traute sie ihren Augen nicht, in dem Sarg lagen nicht die Kletzen, sondern ihr Vater

Die Oberbreitenauer hatten die Kletzen anstatt des Toten beerdigt. Diese Geschichte wurde von der Heimatdichterin Emerenz Meier auch aus der Gegend von Waldkirchen erzählt und niedergeschrieben.

Ausgangspunkt: Ruselparkplatz oder Geißkopfparkplatz

GPS-Daten des Dorfes:
N 48° 54.925 • E 013° 01.976
GPS-Daten Wöß-Anwesen:
N 48° 55.366 • E 013°02.035
GPS-Daten Einöde:
N 48° 55.440 • E 013° 01.962

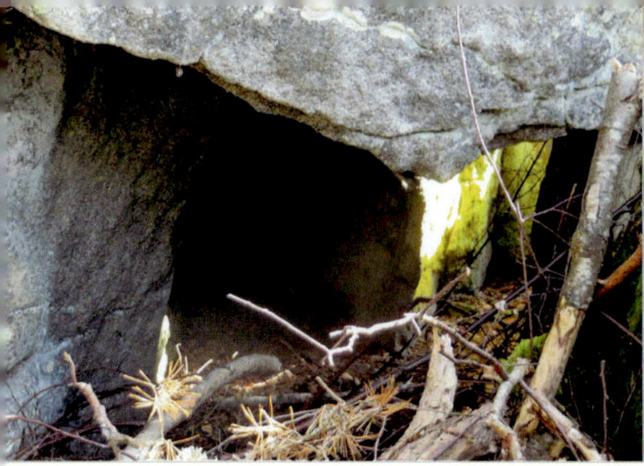

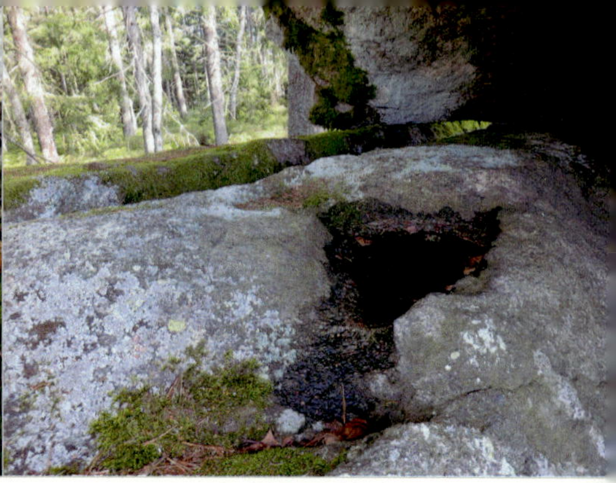

Der Bornstein

N 48°57.166 • E 013° 02.743

Wenn man von Burggrafenried, nahe Bischofsmais, dem Wanderweg 7 folgt, führt einen der Weg direkt auf den kleinen Berg Bornstein. Dieser hat seinen Namen von einer sich am Gipfel befindenden auffälligen Steinformation. Angeblich wurde dieser Ort in der NS-Zeit erkundet. Dort wollte man heidnisch-germanische Rituale der SS abhalten.

Der Bornstein lädt zum Herumkraxeln ein, es gibt vieles zu entdecken, wie Schlupfe und kleine Höhlen, die natürlich entstanden sind. Das seltsame an dem Stein ist, dass es hier aber auch eine künstlich angelegte Opferschale und mehrere Rinnen gibt. Dieses deutet darauf hin, dass dieser Platz schon zu vorchristlicher Zeit große Bedeutung für unsere Vorfahren hatte.

Verweilt man an diesem Ort eine gewisse Zeit, stellt sich innere Ruhe und Wohlgefühl ein, was für einen positiven Kraftort spricht. Dies werden unsere Vorfahren ebenso empfunden haben und so daraus einen heidnisch sakralen Platz gemacht haben, wo sie ihren Göttern huldigten.

Aussichtspunkt

GPS: N 48° 57.164 • E 013° 02.840

Der Weg führt am Kamm des Berges noch weiter und wer diesem folgt, wird mit einer wunderschönen Aussicht belohnt. Eine Bank lädt zum Verweilen und Genießen der Aussicht ein.

Unterhalb des Aussichtspunktes ist ein steinernes Meer zu sehen. Ein Geröllhaufen, der von einem schmelzenden Gletscher zum Ende der Eiszeit zurückgelassen wurde.

Ausgangspunkt für beides: Burggrafenried

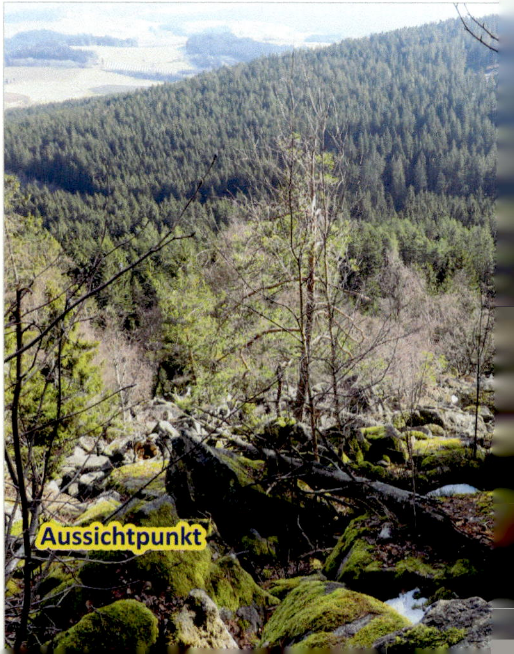

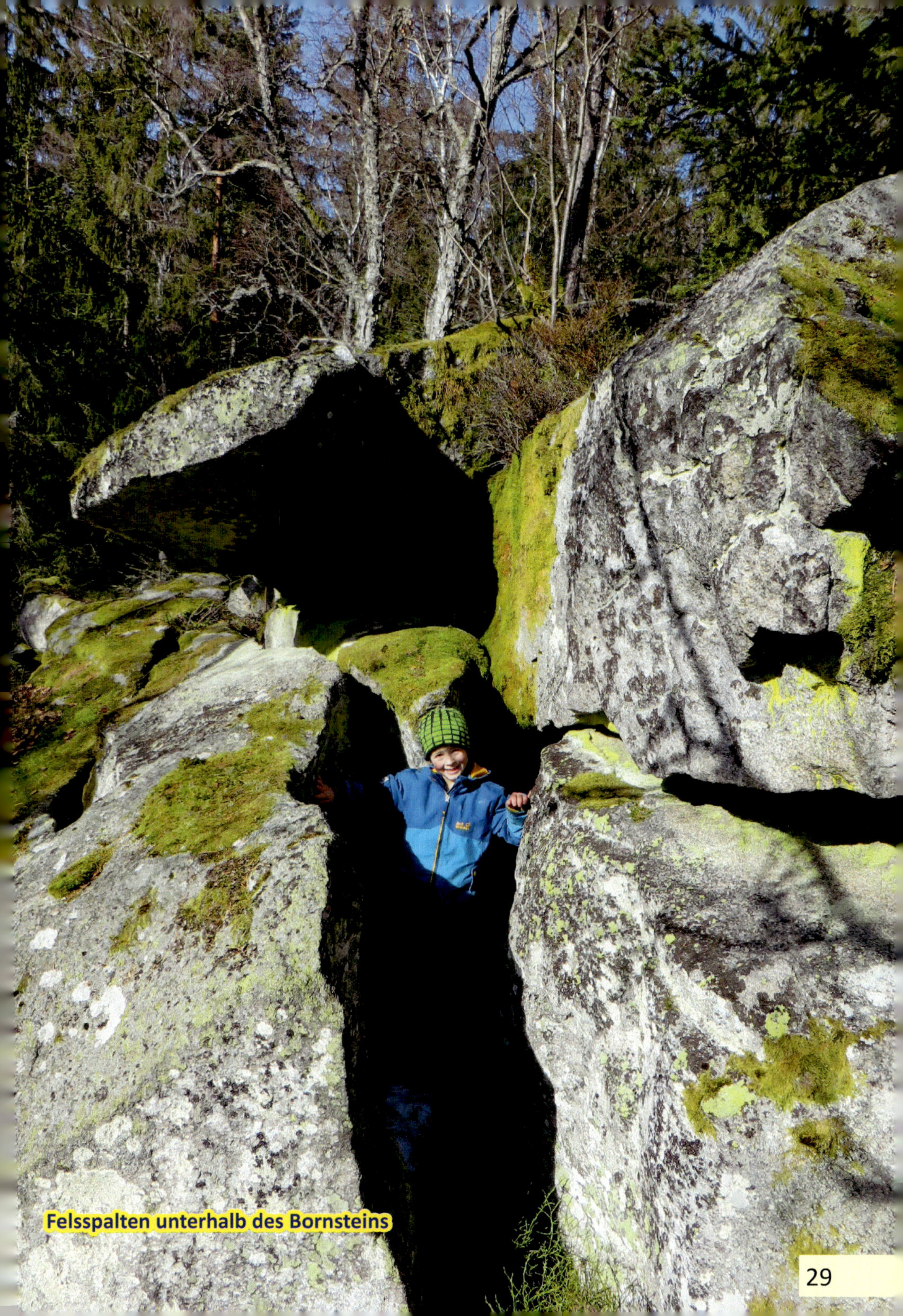

Felsspalten unterhalb des Bornsteins

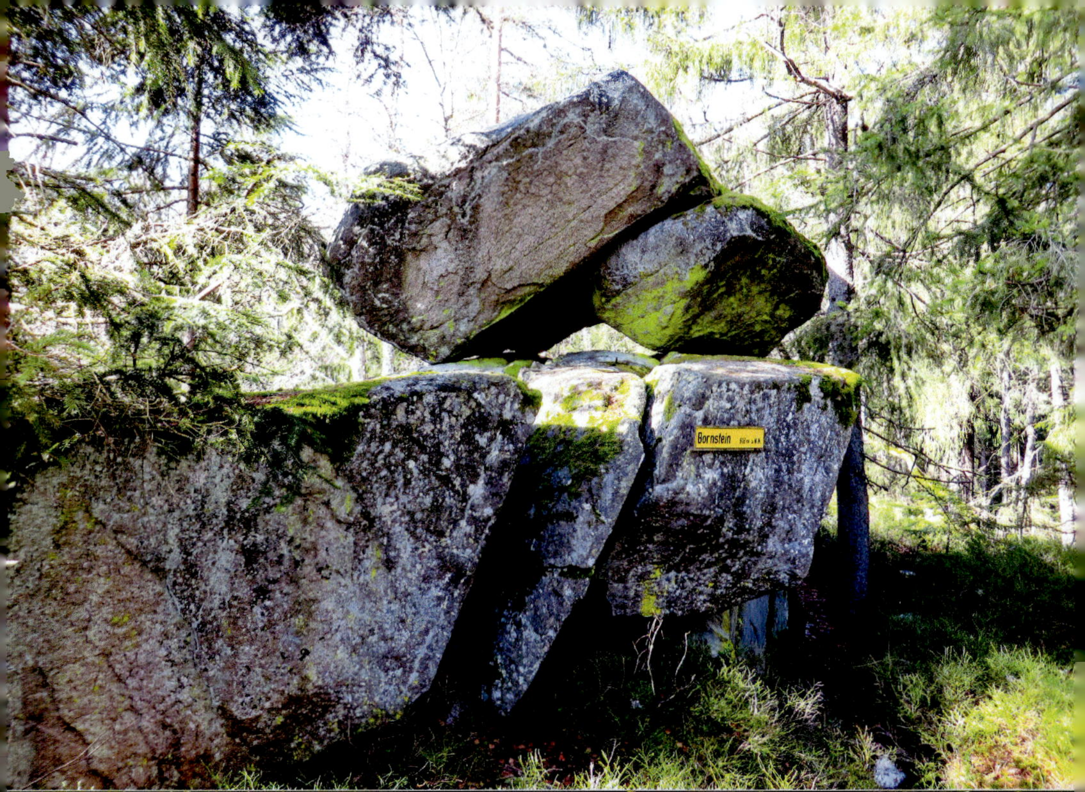
Bornstein

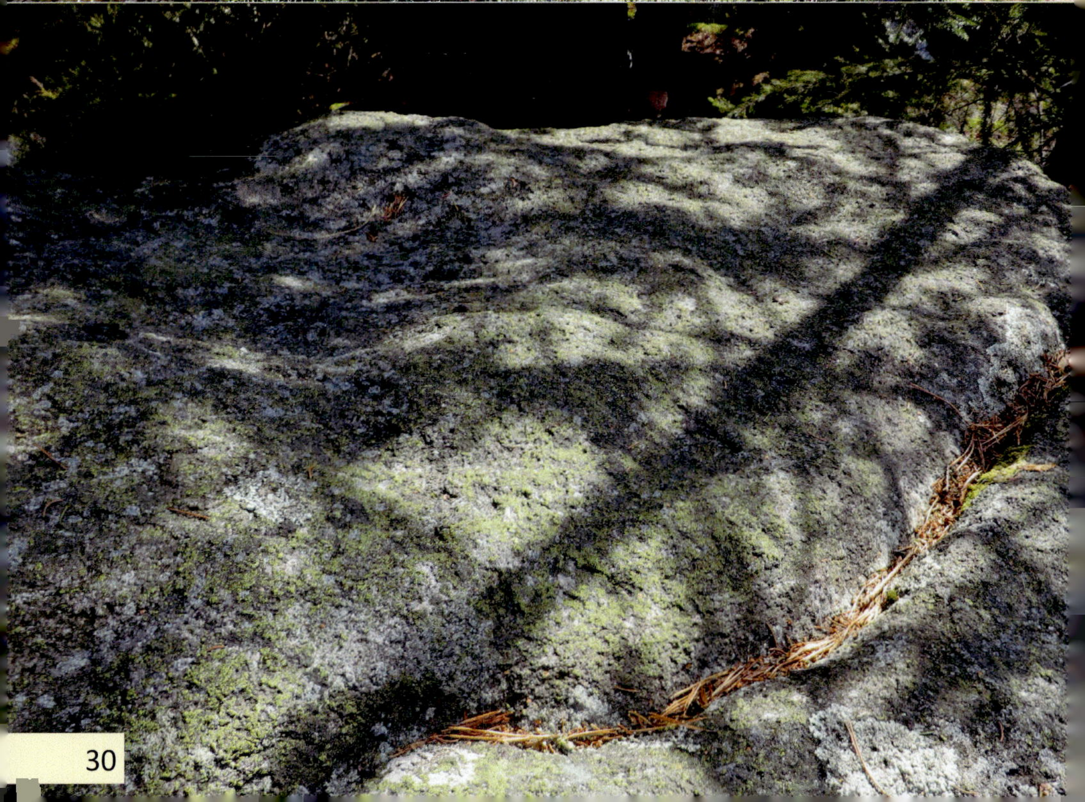

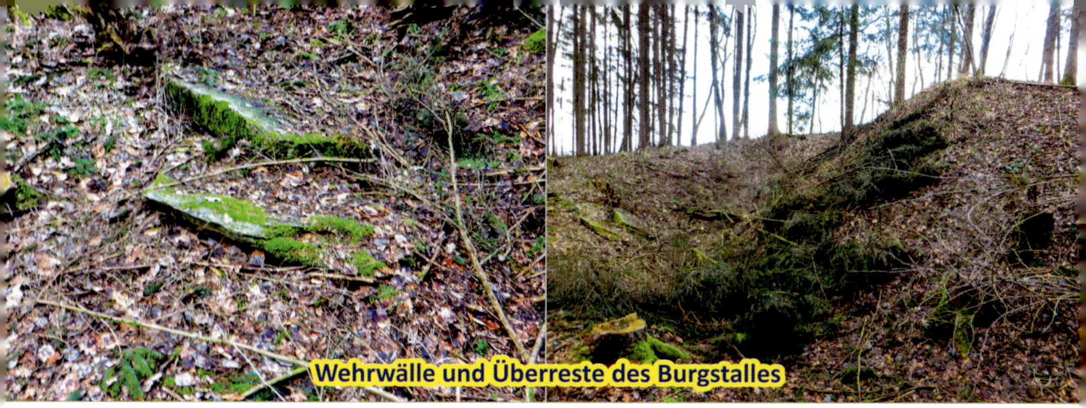

Wehrwälle und Überreste des Burgstalles

Die verschwundene Diepoltzburg

Kapelle GPS: N 48° 54.651 • E 013° 06.528

Dort, wo heute die Kapelle zwischen Hochdorf und Burgstall bei Bischofsmais steht, soll vor langer Zeit einmal eine Burg gestanden haben. Diese Burg soll Diepoltzburg geheißen haben, auch das heutige Dorf Hochdorf soll früher einmal als Diepoltzmais bekannt gewesen sein.

Die Kapelle soll über den unterirdischen Räumen der alten Burg gebaut worden sein und bis vor nicht allzu langer Zeit waren um die Kapelle noch kniehohe Mauerreste der ehemaligen Burg zu sehen. Diese wurden aber kürzlich, als dieses Kirchlein renoviert und der Platz um die Kapelle hergerichtet wurde, entfernt.

Die Burg soll 1240 von einem Grafen von Bogen, es müsste Albrecht V. gewesen sein, angegriffen und bis auf die Grundmauer zerstört worden sein. Die Grafen von Bogen erweiterten damals ihr Einflussgebiet Richtung Böhmen, da hier die Säumerwege liefen und dadurch einiges an Zoll zu verdienen war.

Dort, wo die Burg stand, lief einst einer der wichtigsten Wege nach Böhmen, der Böhmweg.

In der Nähe der Kapelle ist eine Ortschaft namens Burgstall, die darauf hindeutet, dass hier schon seit sehr langer Zeit eine befestigte Zufluchtsstätte für Säumer und Reisende war, wahrscheinlich schon weit vor der ersten Jahrtausendwende.

Wann dann diese Burg Diepoltzburg erbaut wurde, ist nicht mehr bekannt. Die Diepoltzburg wurde vermutlich schon einige Zeit vor der Burg Weißenstein erbaut. Da Burg Weißenstein von den Grafen von Bogen erbaut wurde, also die Bogener das Gebiet schon unter ihre Kontrolle gebracht hatten.

Es ist sehr wenig bekannt über diese Burg, man weiß nicht, wer der Burgherr war oder warum sie gebaut wurde, dass sie aber einmal dagestanden haben muss, wurde durch Funde von Tonscherben, die aus dieser Zeit stammen, bestätigt.

Laut alten Sagen, die im Volksmund überliefert wurden, musste es damals eine blutige Schlacht um diese Burg gegeben haben, die viele Menschen das Leben kostete.

Wenn man hinter dieser Kapelle in den Wald geht, sieht man dort auf einer großen Fläche verteilt lauter Verteidigungswälle. Dies, so glaubt man, seien die Überreste einer Schwedenschanze, die gemacht wurden, um sich gegen die

Schweden zu verteidigen. Aber wer hätte damals solche Verteidigungswälle und Holzpalisaden gegen die anrückenden Schweden mit ihren Kanonen gemacht? Viel eher war es üblich, sich in den dichten Wäldern zu verstecken und zu warten, bis die Schweden wieder abzogen.

Wahrscheinlich waren die Überreste um die Kapelle nur die Ruinen des Burgturmes und der größere Burgbereich war da, wo nun der Wald ist. Oder der Burgturm wurde erst viel später als neue Burg gebaut, als der Burgstall dahinter schon zerstört war. Es wäre möglich, dass diese Wehrwälle obenauf noch Holzpalisaden hatten, von denen heute nichts mehr übrig ist. Es könnte sich dann hier um eine uralte Wehranlage aus keltischer oder früher germanischer Zeit handeln, die sowohl zum Schutz der Säumer als auch als Meldestelle diente, wenn sich ein Heer auf den Weg machte. In alten Schriften werden diese Burgen der sogenannten „Alten Wacht" zugeordnet, die dann mit Rauch oder Feuerzeichen die nächstliegende Burg warnten. Dies ging bis zum Gäuboden, der dichter besiedelt war. Das brachte den Vorsprung, ein eigenes Heer aufzustellen und auf den Feind vorbereitet zu sein.

Überreste im Wald
N 48° 54.628 • E013° 06.614
Ausgangspunkt: Bischofsmais

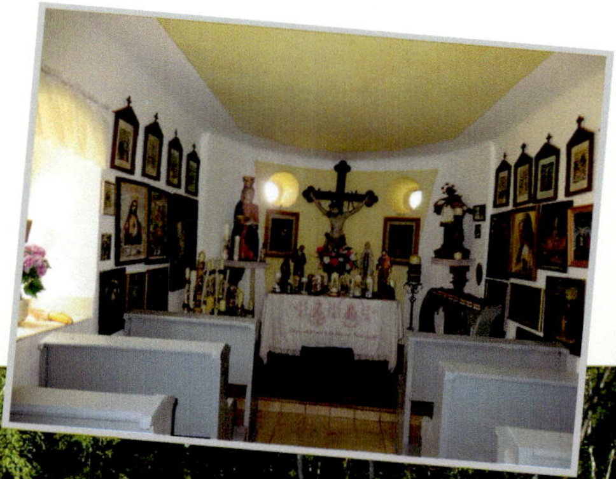

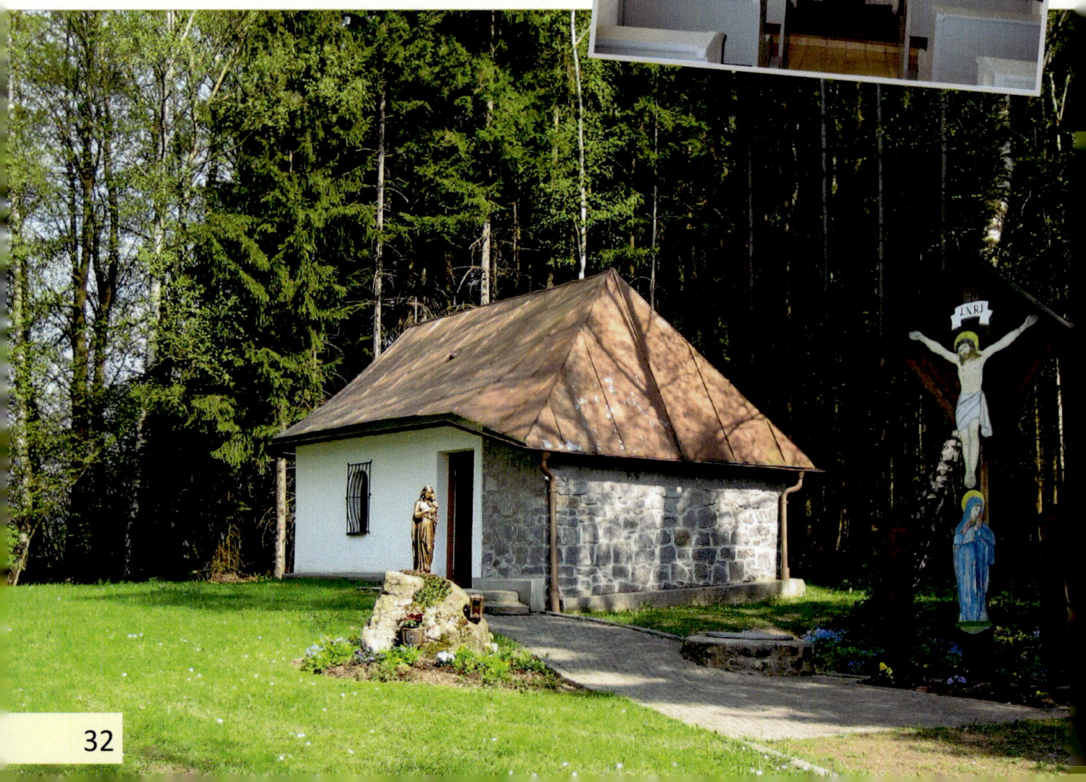

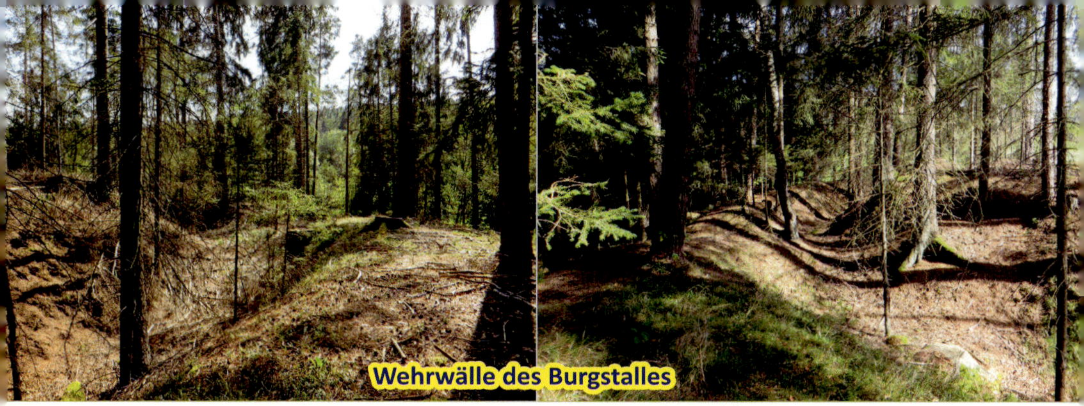
Wehrwälle des Burgstalles

Burgstall Froschau bei Langdorf

GPS N 49° 00.395 • E 013° 11. 371

Der Burgstall Froschau ist ein jetzt unscheinbarer, mit Wald überwachsener Hügel, umringt von Wiesen. Unweit des Burgstalles fließen die Flüsse Regen und Schwarzach.

Es ist eine Befestigungsanlage aus längst vergessener Zeit. Zwei hohe Erdwälle, die der Verteidigung dienten, umringen ein Plateau, worauf ein Burgturm stand. Diese Erdwälle sind sehr steil und man kann sich deutlich vorstellen, wie schwer diese zu ersteigen und wie leicht diese zu verteidigen waren. Die Verteidiger brauchten sich nur mit Speeren auf dem Wall verschanzen und auf die heraufstürmenden Feinde einstechen. Es mussten zwei solcher Erdwälle überwunden werden, um auf die Hauptanlage zu gelangen. Wer immer diese Festung einnehmen wollte, musste mit hohen Verlusten rechnen. Der Turm war wahrscheinlich zum größten Teil aus Holz errichtet. Das Alter dieser Befestigungsanlage ist nicht bekannt, bei Grabungen wurden Objekte gefunden, die ein Alter von über 1400 Jahren haben, also aus dem 6. Jahrhundert nach Christus stammen. Es wird vermutet, dass dieser Turm aber noch viel älter ist. Er soll aus keltischer Zeit stammen und schon weit vor Christi Geburt errichtet worden sein. Die Kelten suchten im heutigen Bayerischen Wald nach Bodenschätzen wie Gold, Silber und anderen Metallen. Wenn sie einen Ort fanden, wo sich der Abbau lohnte, errichteten sie dort eine kleine Siedlung für die Minenarbeiter. Das Metall wurde dann an Ort und Stelle geschmolzen und in Barren gegossen

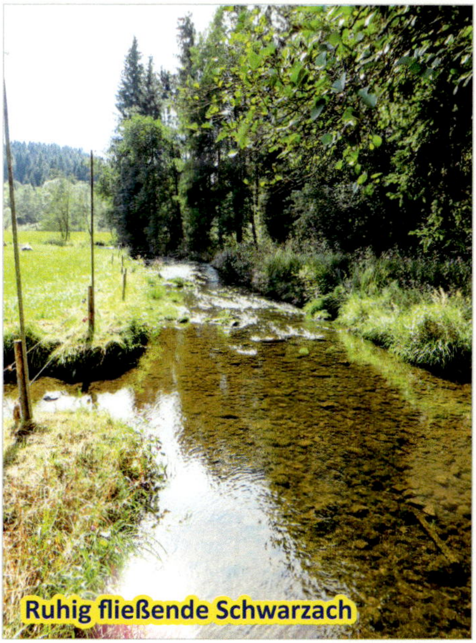
Ruhig fließende Schwarzach

oder gleich zu Werkzeug und Schwertern verarbeitet. Solche Plätze waren natürlich begehrt und vor Angriffen nicht sicher. So bauten die Kelten dort sogenannte Burgställe, die zum Schutz der Arbeiter und Siedler dienten. In der Nähe des Burgstalls Froschau sind mehrere alte Bergwerke bekannt, wie etwa in Brandten und am nahen Silberberg. Geht man um den Hügel herum, findet man sehr viele Ameisenhaufen, was für einen mit Erdstrahlen behafteten Ort spricht, was wiederum auf die Kelten hindeutet, denn die Kelten errichteten ihre Bauwerke auf Orten mit Erdstrahlung. Der Burgstall ist wieder ein Beweis, dass der Bayerische Wald nicht erst um 1000 nach Christus von den Mönchen besiedelt wurde, sondern schon lange davor bewohnt war. Genau so muss es Wege in den Wald gegeben haben, wo die abgebauten Metalle herausgebracht und andere Waren hineingebracht wurden. Was ebenfalls darauf hindeutet, dass die sogenannten Salzwege nicht erst nach 1000 nach Christus entstanden sind, sondern schon lange davor.

Ausgangspunkt: Langdorf

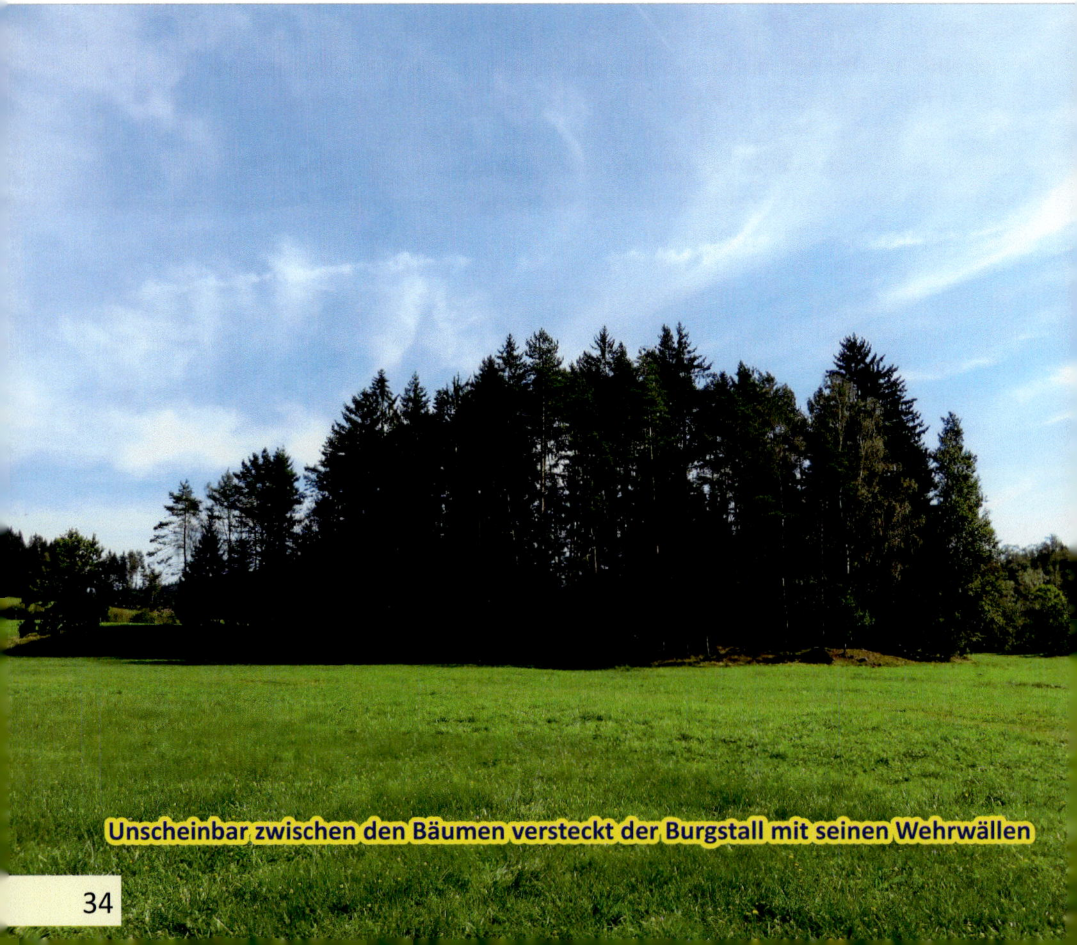

Unscheinbar zwischen den Bäumen versteckt der Burgstall mit seinen Wehrwällen

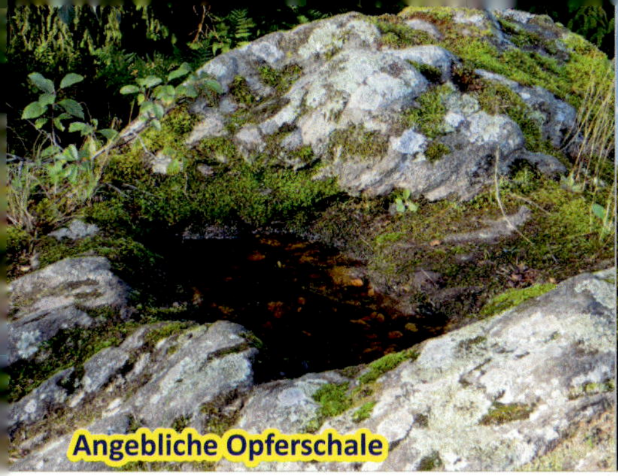

Angebliche Opferschale

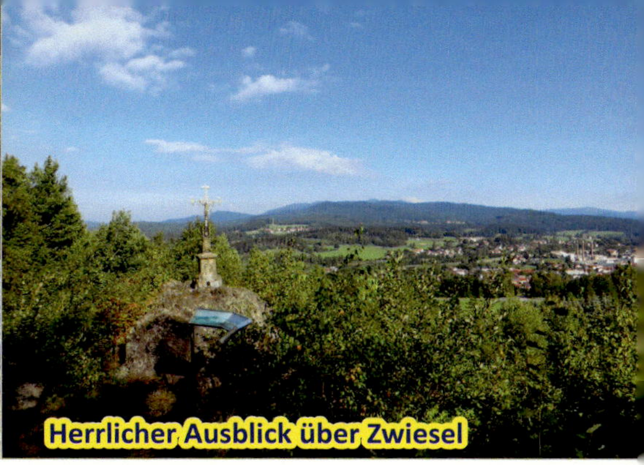

Herrlicher Ausblick über Zwiesel

Aussichtspunkt Einsiedelei

GPS: N 49° 00.251 • E 013° 13.811

In der Nähe des Glasberges bei Zwiesel ist hinter einem Waldstück ein kleiner Felsriegel, auf dem ein kleines Kreuz steht. Von dort hat man einen wunderbaren Ausblick auf die darunterliegende Stadt und die Berge um Zwiesel.

Der Name Einsiedelei, stammt davon, dass sich vor Jahrhunderten ein Einsiedler entschloss, dort zu leben. Einsiedler waren meistens Mönche, die das umliegende wilde Land urbar machen oder die dort lebenden Menschen zum Christentum bekehren sollten.

Neben der Stelle, wo das Kreuz steht, ist ein Felsen, in dem sich das Wasser in einer Mulde sammelt. Einige sind der Meinung, dass dies eine Opferschale aus vorchristlicher Zeit ist. Für die heidnischen Einwohner war dieser Ort mit der wunderbaren Aussicht ein sakraler Platz. Hier waren sie den Göttern nahe und brachten ihnen ihre Opfergaben dar. Natürlich war dieser Ort für einen Einsiedler ideal, um zu beweisen, dass sein Christengott größer und mächtiger ist als die heidnischen Götter. Deshalb baute er seine Klause an diesem Kraftort. Als dann die heidnischen Einwohner sahen, dass ihm kein Unheil wiederfuhr, waren sie der Meinung, dass sein Glaube und Gott stärker waren als ihrer und wurden zu Christen.

Ausgangspunkt: Glasberg bei Zwiesel

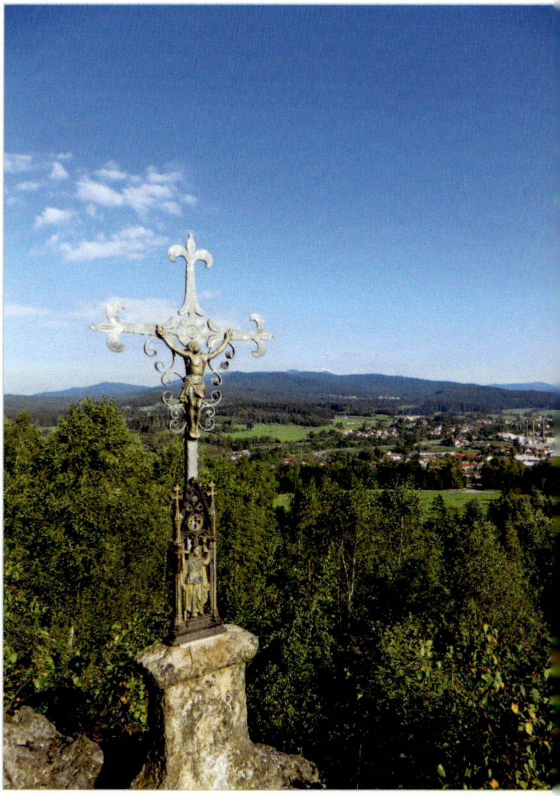

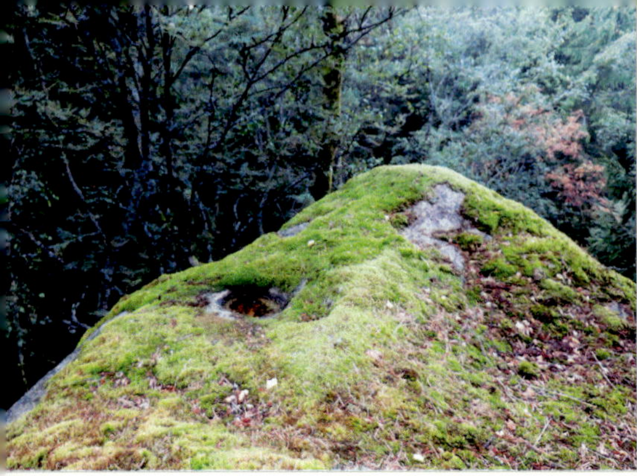 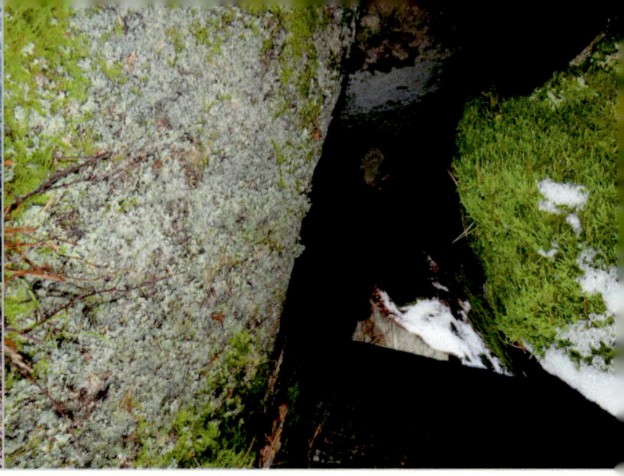

Griabalstoa bei Schwaben

GPS: N 49° 04.393 • E 012° 49.789

In der Nähe von Prackenbach liegt der kleine Ort Schwaben. Dort befinden sich mehrere in den Stein eingemeißelte Opferschalen. Einer davon ist der Griabalstoa. Der Name des Steins geht auf „kleine Grube, kleine Vertiefung im Stein“ zurück. Dieser Stein ist in einer Linie mit weiteren Opferschalen, wie dem Keltenstein in Schwaben und dem Keltenstein in Igleinsberg. Wahrscheinlich war diese Linie auf den Sonnenaufgang bei der Sommersonnenwende ausgerichtet. Es ist auch nicht auszuschließen, dass noch weitere Schalen in dieser Linie vorhanden sind.

Ausgangspunkt: Schwaben bei Prackenbach

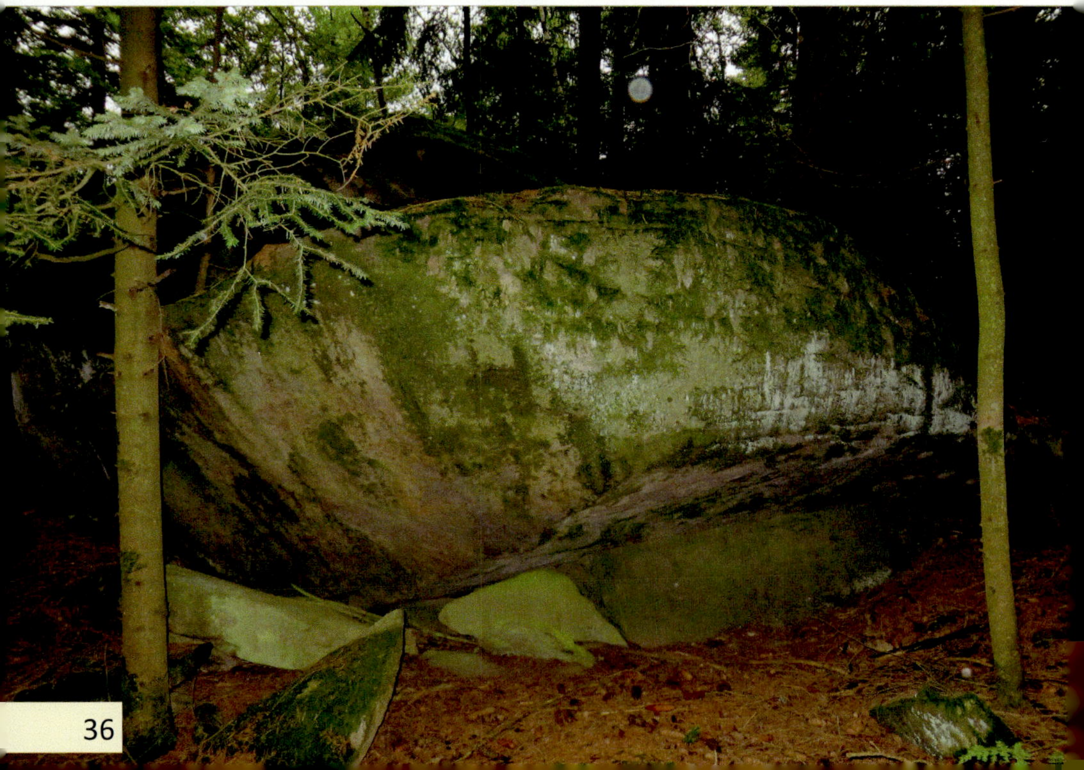

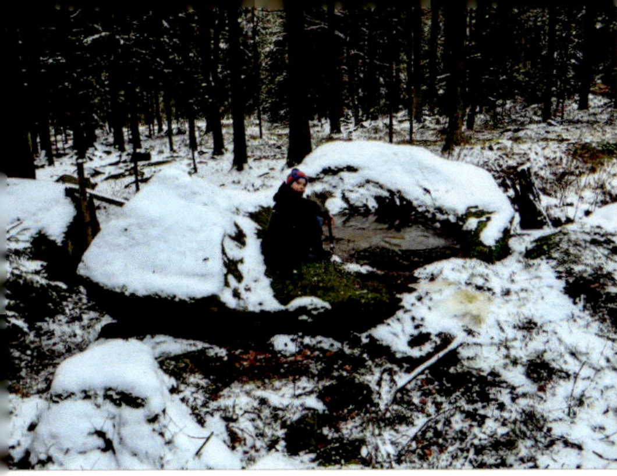

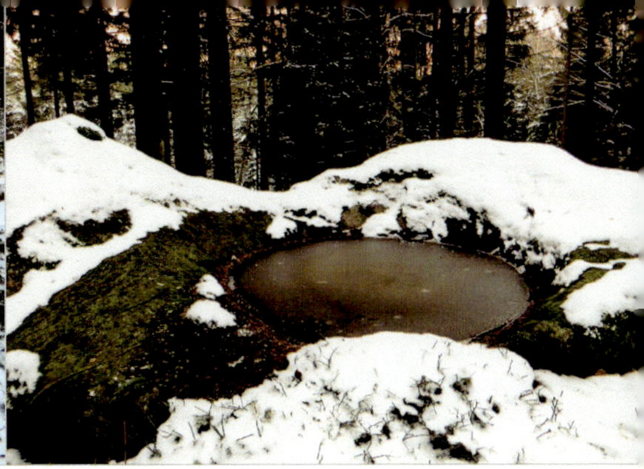

Großer Opferstein bei Ramersdorf

GPS:N 49° 03.876 • E 012° 49.740

Zwischen Prackenbach und Viechtach liegt der kleine Ort Ramersdorf. Dort ist im Wald eine der größten und am besten ausgearbeiteten Opferschalen. Diese Schale hat einen Durchmesser von etwa 1,5 Metern und ist in der Mitte etwa 40 cm tief. Es muss ein besonderer Platz für unsere Vorfahren gewesen sein, weil sie hier eine solche Opferschale erstellten. Etwas oberhalb des Opfersteines ist eine Kapelle, was die Bedeutung dieses Ortes auch für die späteren Christen unterstreicht.

Für unsere Vorfahren gab es verschiedene Opfergaben, die sie ihren Göttern darboten. Die größten Opfer waren Pferde- oder sogar Menschenopfer. Die Größe dieser Opferschale deutet meiner Meinung nach auf solche Blutopfer hin. Während kleinere Opferschalen vielleicht mit Öl gefüllt waren, das angezündet wurde, wurden hier Lebewesen geopfert, welche dann in diesen Opferschalen ausbluteten und dargebracht wurden. Es mag ein schauriger Anblick gewesen sein, wenn diese Schale voll mit dem Blut eines Pferdes war, oder sogar ein Menschenopfer darin lag.

Ausgangspunkt: Ramersdorf

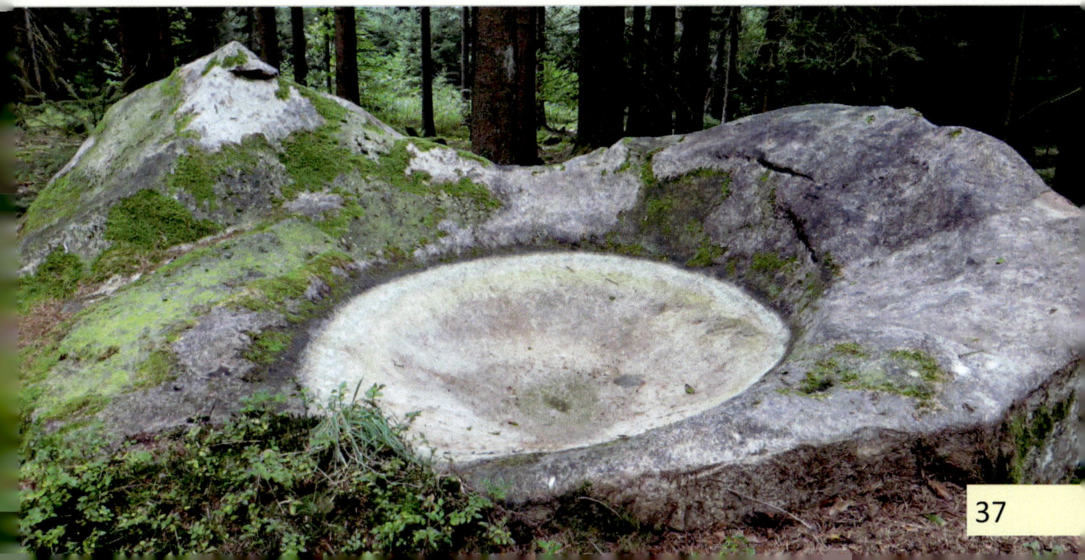

Fußabdruck im Stein

GPS: N 49°02-688 • E 013°15.419

Der Herrgottstritt ist eine Vertiefung in einem Stein, der Ähnlichkeit mit einem Fußabdruck hat. Als die Menschen diese Vertiefung sahen, entstand die Sage, dass der Herrgott an diesem Ort war und seinen Fußabdruck in diesem Stein hinterlassen hat. Wer nun das Wasser, das sich in diesem Stein angesammelt hat, trinkt, soll heilende Wirkung erfahren.

Andere Sagen über den Stein erzählen, dass hier die Gottesmutter Maria einen Fußabdruck hinterlassen hat, als sie vom Teufel verfolgt wurde.

Der Stein befindet sich beim Hanslkreuz zwischen Lindberg und Ludwigsthal.

Entstehung des Hanslkreuzes

Als Mitte des 19. Jahrhunderts im Wald ein Mann arbeitete, plagte ihn plötzlich große Atemnot. Diese war so schlimm, dass er glaubte ersticken zu müssen. Er sah, dass sich in der Vertiefung eines Steines Wasser angesammelt hatte, dieses trank er in der Hoffnung auf Besserung. Gleich nach dem Trinken wurde der Mann von der Atemnot geheilt und aus Dankbarkeit errichtete er auf dem Stein ein Kreuz – das nach ihm benannte Hanslkreuz. Auf einem Schild unterhalb des Kreuzes steht ein Spruch:

„Trinke aus dem Herrgottstritt,
dann bleibst du immer
gesund und frisch."

Der Ursprung dieses Wallfahrtsortes dürfte aber schon aus einer weit vorchristlichen Zeit stammen, als unsere Vorfahren ihre Götter bei solchen Naturheiligtümern angebetet haben. Es wurde später eine christlich verbundene Sage darübergelegt und der Brauch unter dem katholischen Deckmantel weitergeführt. **Ausgangspunkt:** Lindberg

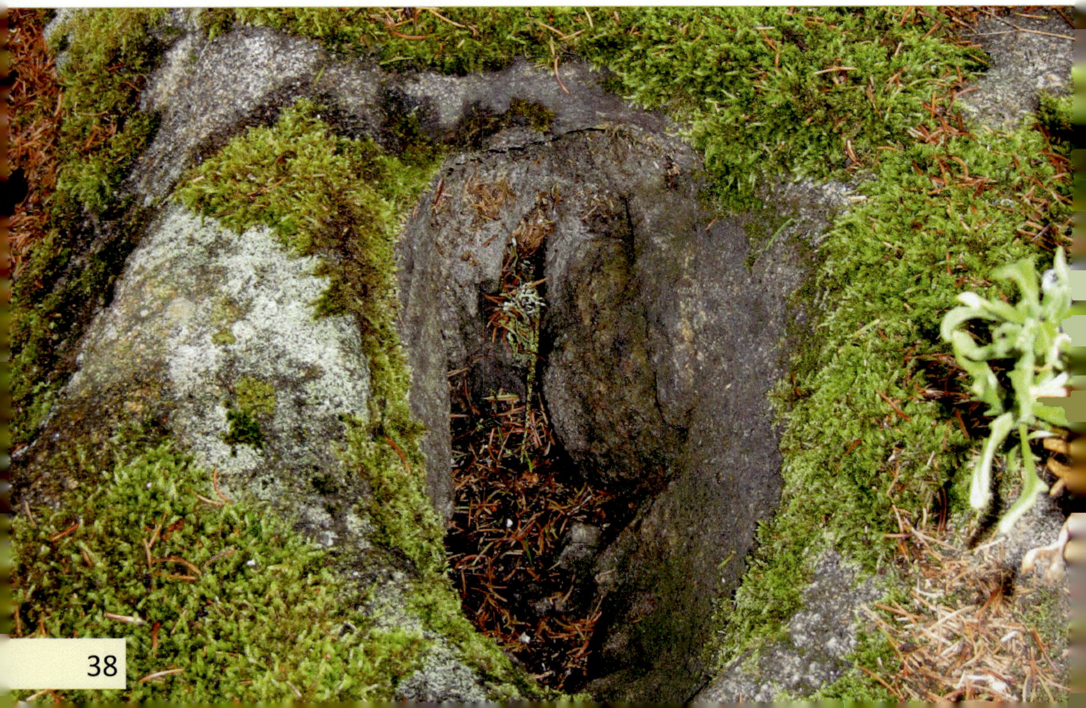

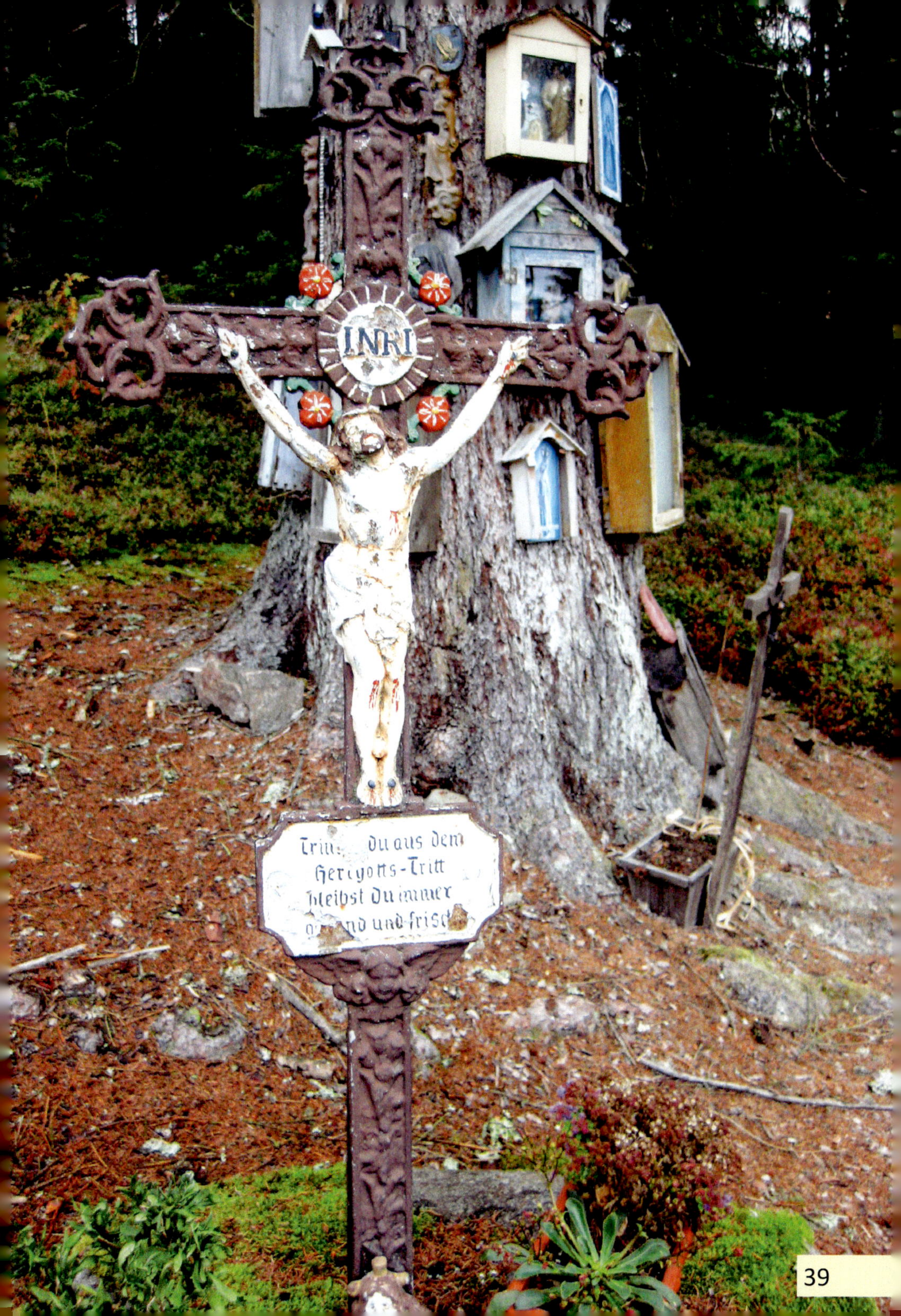
INRI
du aus dem
Hergotts-Tritt
bleibst Du immer
und frisc

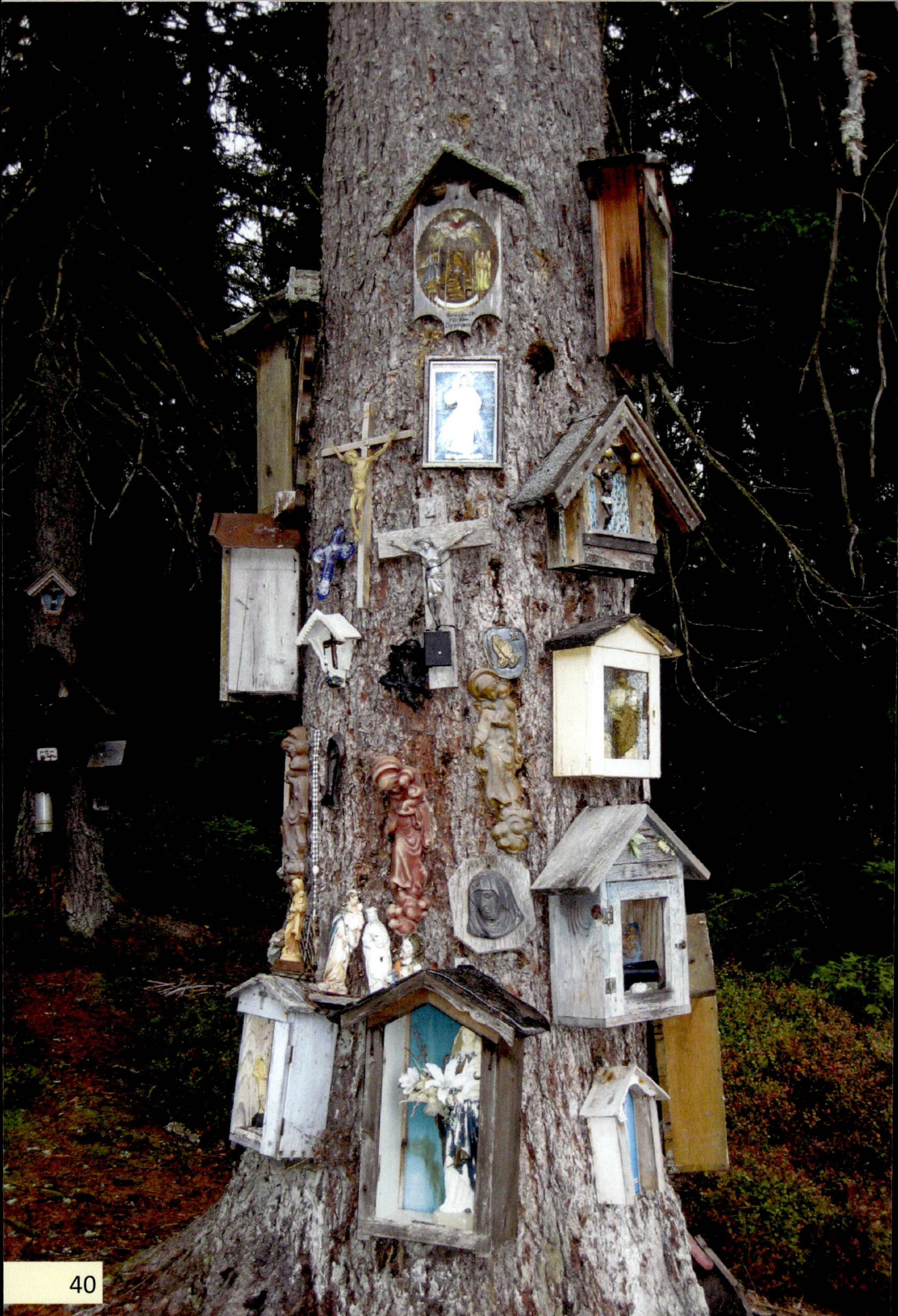

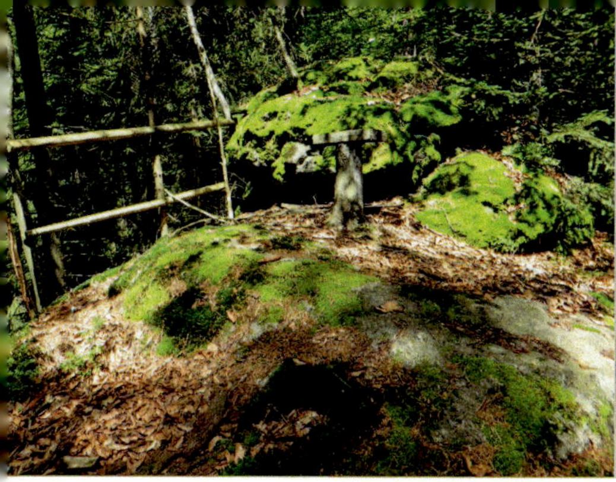

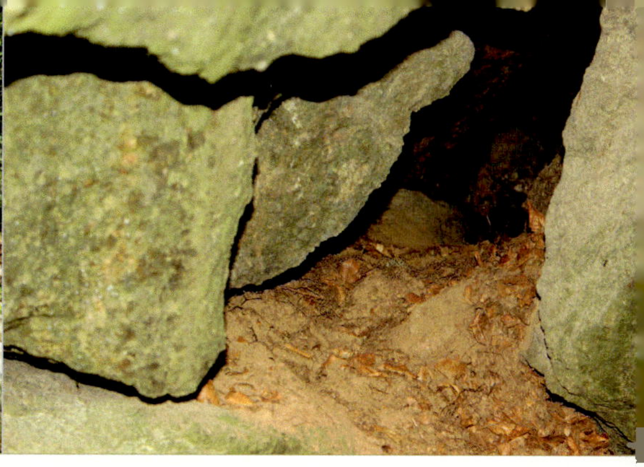

Heinzbeer bei Schöneck

GPS Heinzbeer: N 49° 01.313 • E 013° 06.701
GPS Felsformation N49° 01 013 • E13° 06 545

Am Heinzbeer findet man viele bizarre Felsformationen: Einen fast viereckigen Stein, der etwa 10 Meter hoch ist und der auf zwei Seiten von Felsen umgeben ist, unter anderem einen Schlupf (Felsspalt), von einer Seite des Felsens auf die andere.

Zwischen diesem Felsen und dem danebenliegenden viereckigen Felsen ist eine tiefe Schlucht. Durch diese Schlucht kann man um den viereckigen Felsen herumgehen, es ist ein sehr mystischer, markanter und besonderer Ort.

Über diesen viereckigen Felsen gibt es eine Sage:

Skelett auf dem Felsen

Auf den viereckigen Felsen am Heinzbeer, soll vor vielen Jahren ein Mann über einen Baum geklettert sein, der umgekippt war und an dem Felsen lehnte. Als er oben angekommen war, konnte er aber nicht mehr zurückklettern, da der Baum abrutschte. Die Wände des Felsens sind glatt und man findet kaum Halt, so kann man ihn nicht erklimmen und auch schon gar nicht mehr runterklettern. Der Mann musste nun oben auf dem Felsen verharren, bis Hilfe kam.

Da aber früher der Bayerische Wald nicht dicht besiedelt war, wartete er vergebens. So musste der Mann elendig verdursten. Das Skelett des Mannes soll heute immer noch auf dem Felsen liegen.

Als Beer wird im Altbairischen der Wald benannt. In manchen Gegenden sagen die Menschen immer noch:

„Heit geh i in Beer ausse“ - „heute gehe ich in den Wald raus“.

Ausgangspunkt: Schöneck

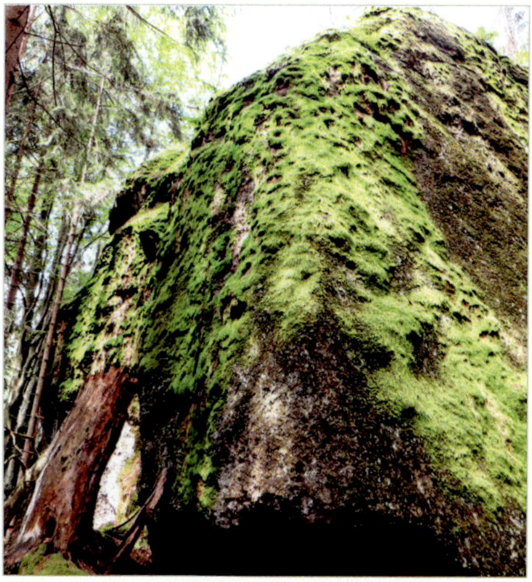

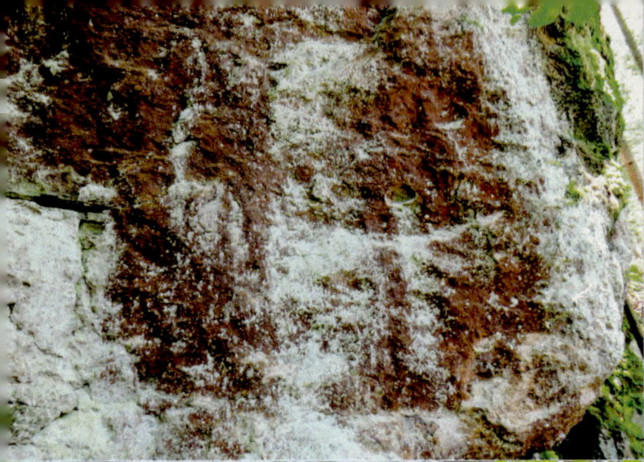

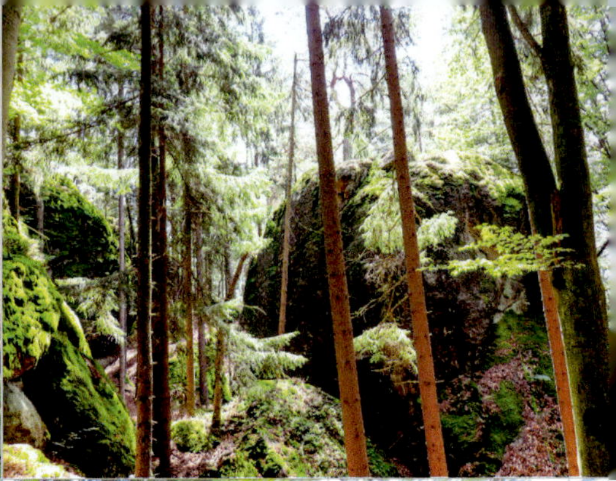

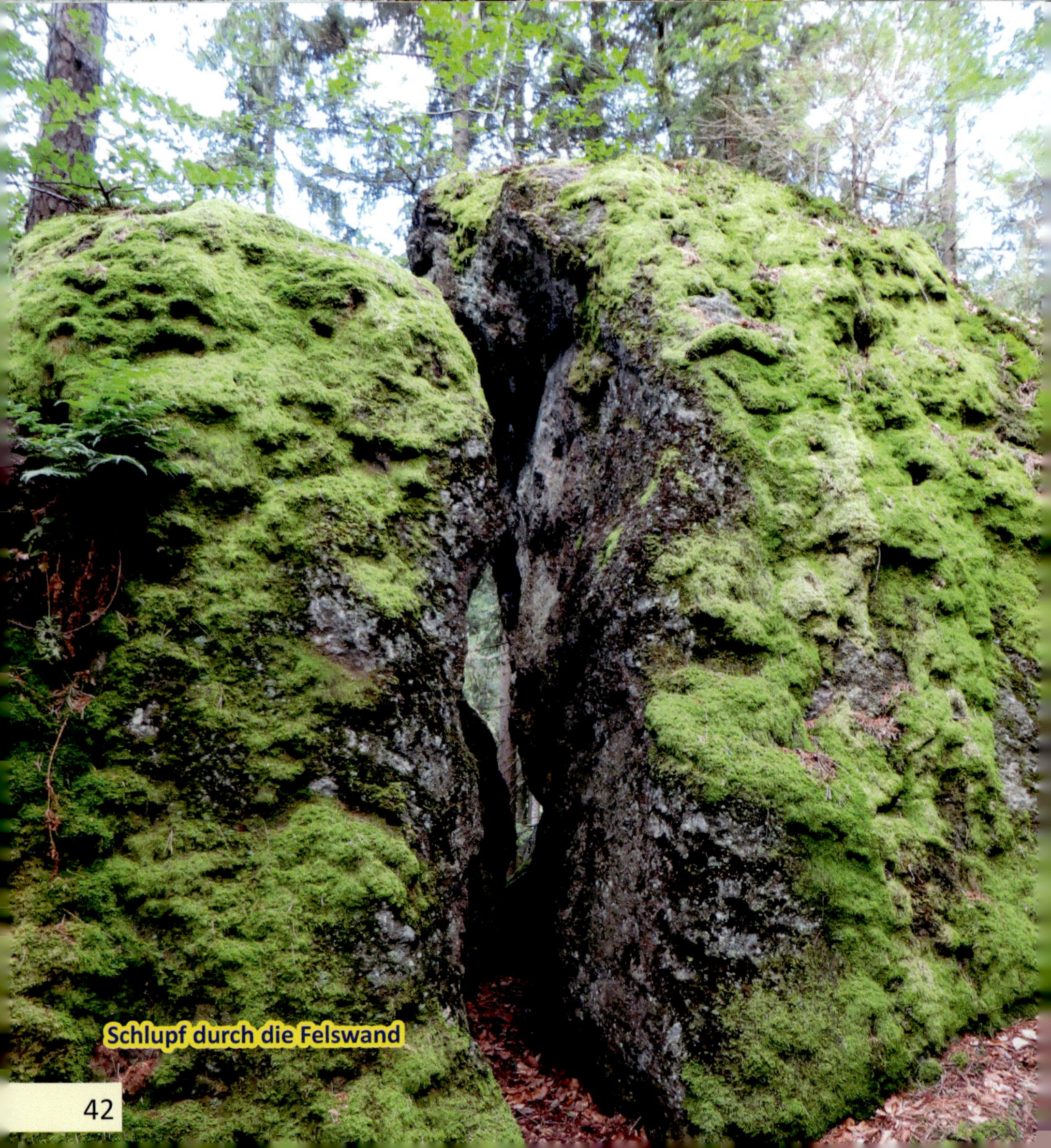

Schlupf durch die Felswand

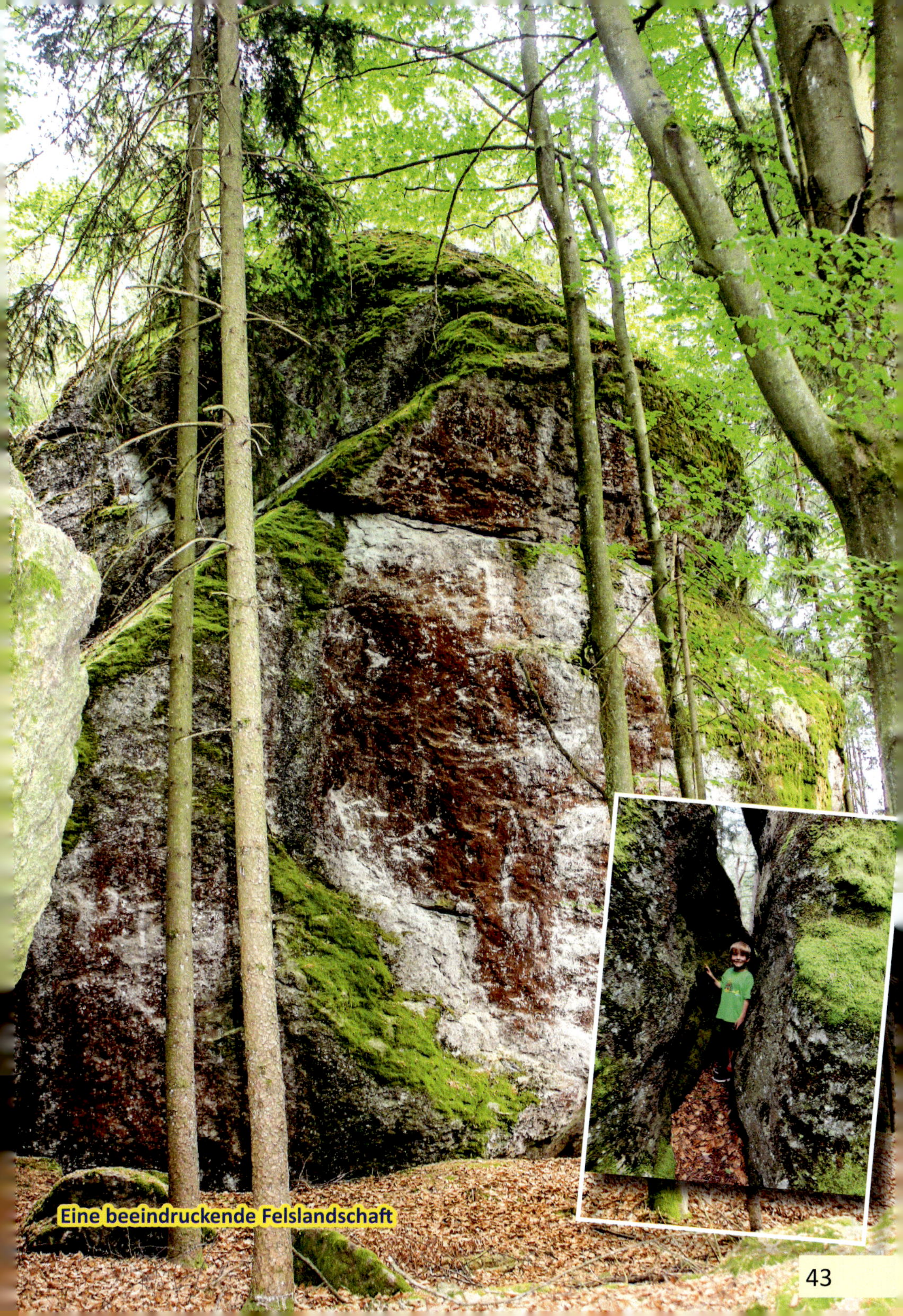

Eine beeindruckende Felslandschaft

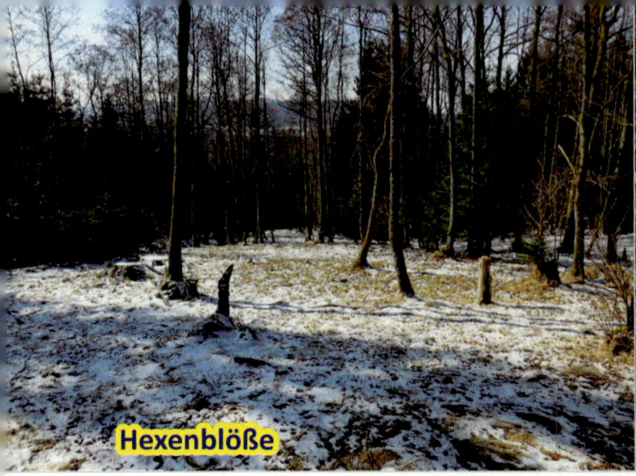

Hexenblöße

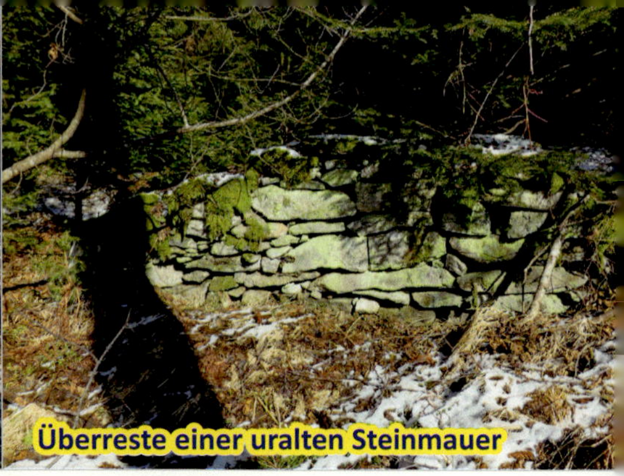

Überreste einer uralten Steinmauer

Hexenblöße bei March

GPS: N 48° 59.113 • E 013° 02.574

In der Nähe des Dorfes March gibt es einen seltsamen Ort, der Hexenblöße oder Hexenbless heißt.

Laut den alten Sagen war dies ein Treffpunkt für die Hexen der Umgebung, hier versammelten sie sich und machten die Hexereien aus, mit denen sie die umliegenden Dörfer malträtierten.

Die boshafteste Hexe, die hier ihr Unwesen trieb, soll Akanita geheißen haben, sie war die Oberhexe dieses Landstriches. Die Hexenbless war ihr Versammlungsort, hier berief sie Hexentreffen ein, wenn sie für große Zauber die Hilfe der anderen Hexen brauchte. Sie befahl den Hexen, welchen Schaden sie in dieser Gegend anrichten sollen. Und hier beschworen neue Hexen den Bund mit dem Teufel.

Das Wort Blöße oder Bless steht im Bayerischen Wald für einen kahlen Fleck, eine Waldlichtung. Genau das ist die Hexenbless, eine Stelle im Wald, auf dem kein Baum richtig wachsen will, ein eher feuchter, mit Moorgras überzogener Ort.

Dieser Ort, an dem nichts richtig wächst, war natürlich für die Anwohner ein seltsamer Ort, es mussten höhere negative Mächte im Spiel sein, die diesen Ort zu dem machten, was er ist. Da der Hexenglaube im Bayerischen Wald sehr groß war und teilweise noch ist, konnte es nur eine Erklärung dafür geben. Dies konnte nur ein Hexenplatz sein, ein Treffpunkt für die Hexen unter sich, oder gar mit dem Teufel. Ihre böse Aura ließ die Natur verderben und so konnten keine Bäume groß werden.

Hinter dem Ort steckt eigentlich, dass es eine feuchte Moorwiese ist und daher nur eine spärliche Vegetation möglich ist. In trockenen Zeiten wachsen Bäume an dieser Stelle, kommt aber eine feuchte Zeit, dann werden die Wurzeln der Bäume komplett mit dem aufsteigenden Moorwasser überdeckt und bekommen so keinen Sauerstoff mehr, was das Absterben des Baumes zur Folge hat. So kann es sein, dass ein Baum ein paar Jahre dort wächst und mittendrin eingeht, dies konnten sich unsere Vorfahren nicht erklären und so machten sie das Böse – die Hexen – dafür verantwortlich.

Ausgangspunkt: March oder Leuthen

Hölzerne Hand

GPS Daten: N 48° 53,643 • E 013° 02.479

1. Ein Mann wollte von Deggendorf nach St. Hermann gehen. Als er sich im Hochwald zwischen der Rusel und der Breitenau verirrte, fing er an zu beten. Da kam plötzlich ein altes Weib aus dem Wald und zeigte ihm mit der rechten Hand die Richtung. Aus Dank, dass er den Weg wiedergefunden hatte, ließ er eine hölzerne Hand schnitzen und stellte sie an der Stelle auf, an der ihm das alte Weib den Weg gewiesen hatte.

2. Ein Mann wollte von Deggendorf nach St. Hermann wallfahren, da verirrte er sich im Hochwald auf der Rusel. Als es schon dunkel wurde, betete er zur Gottesmutter Maria. Diese ließ ihm am Himmel eine feuerrote Hand erscheinen, die ihm den Weg wies. Aus Dank ließ er eine hölzerne Hand schnitzen und stellte sie an der Stelle auf, wo ihm das widerfahren war.

3. Ein Mann wollte von Deggendorf nach St. Hermann gehen, da verirrte er sich im Waldgebiet zwischen der Rusel und Breitenau. Aus lauter Verzweiflung fing er zu beten an. Plötzlich sah er eine hölzerne Hand, die mit einem Finger in eine Richtung zeigte. Er folgte dieser Richtung und kam unbeschadet in St. Hermann an. Für diese Hand errichtete er eine Säule und stellte sie an der Stelle auf, wo ihm das passiert war. Leider wurde diese Hand vor einiger Zeit gestohlen, daher ist jetzt nur noch eine Nachbildung zu sehen.

Ausgangspunkt: Rusel Absatzparkplatz

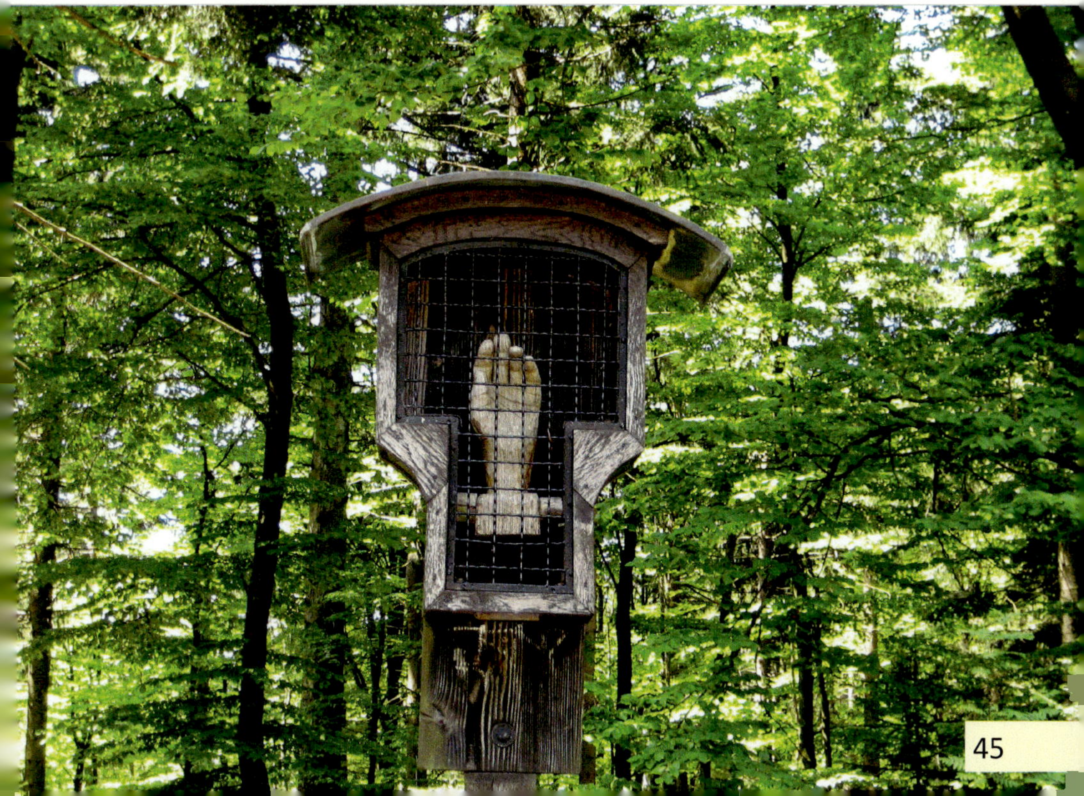

Josefsbuche und Josefstafel

GPS Daten: N48° 52.991 • E013°03.123

Ein Fuhrmann fuhr in der Nacht auf der Rusel Richtung Oberbreitenau, als plötzlich seine Pferde scheuten und nicht mehr weitergingen. Alles Antreiben und Fluchen half nichts, die Pferde gingen keinen Schritt mehr weiter.

Da sagte der Fuhrmann zu den Pferden: „Warum geht ihr nicht mehr weiter, Josef und Maria sind doch auch in der Nacht gegangen?"

Da schlug der Blitz in die Buche neben ihm ein und sie fing zu brennen an. Gleichzeitig sprang der Teufel vom Baum herunter und lief davon. Nun setzten die Pferde den Weg fort. An dieser Stelle wurde dann zu Ehren des hl. Josef eine Tafel an dem Baum angebracht, der Baum heißt seitdem Josefsbuche.

Die alte originale Buche ist schon seit einiger Zeit umgestürzt, die Josefstafel hat man an die jüngere, davorstehende Buche angebracht.

Ausgangspunkt: Rusel Absatzparkplatz

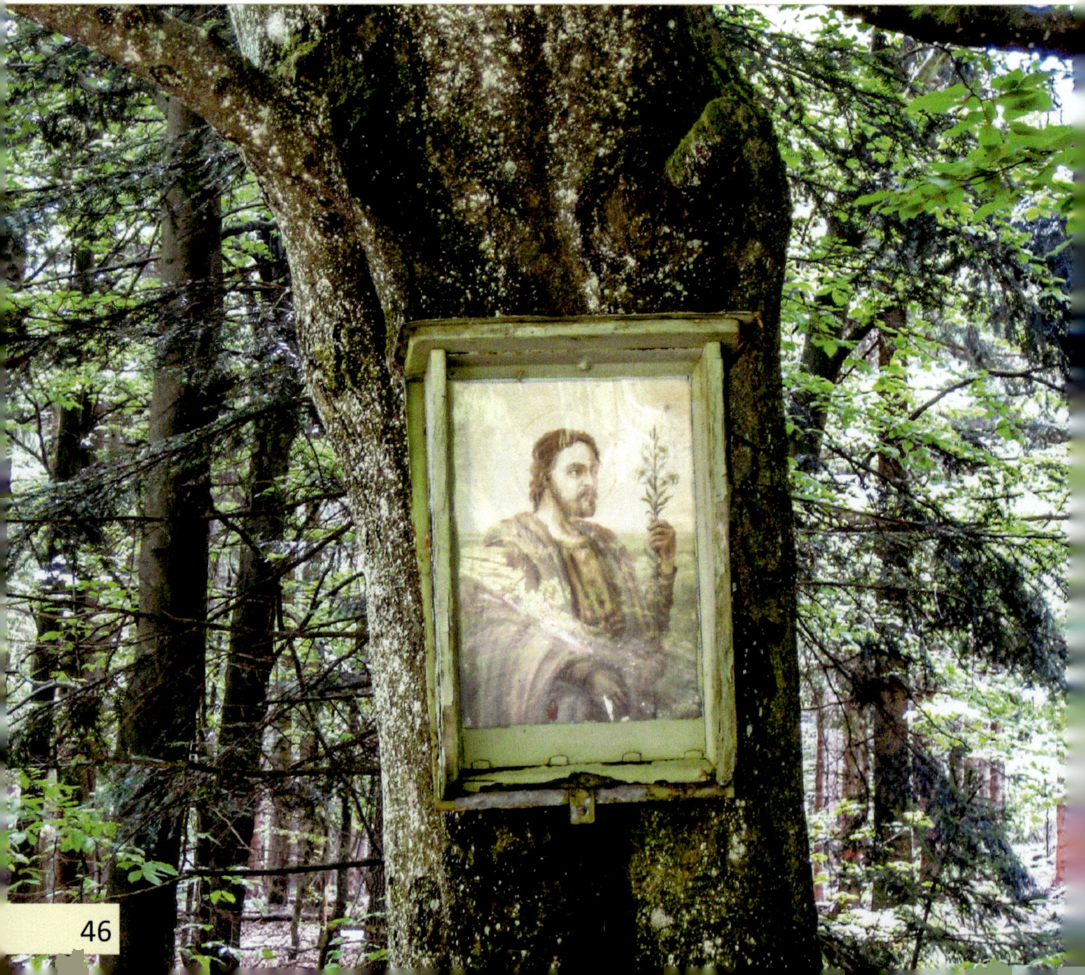

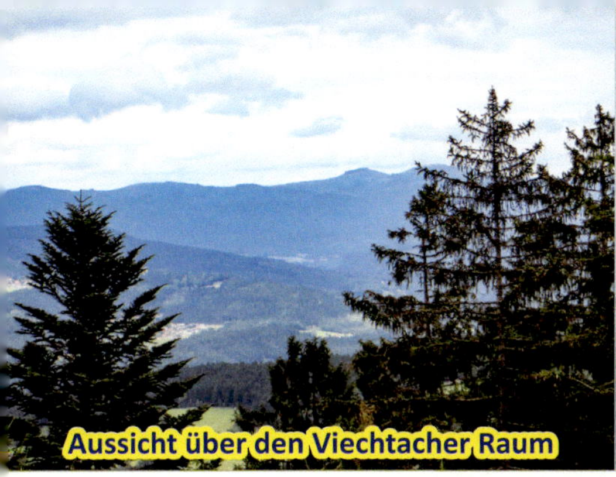

Aussicht über den Viechtacher Raum

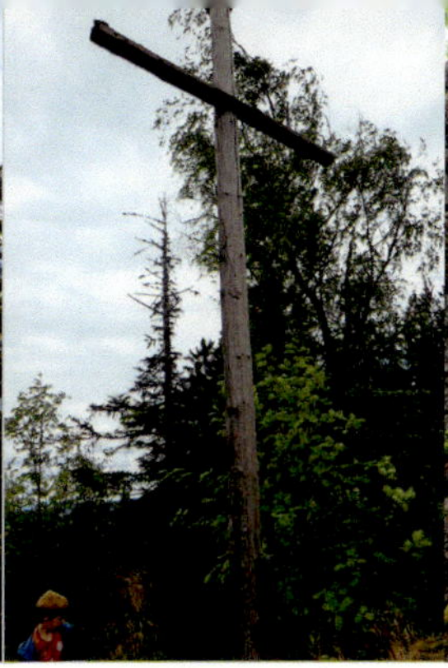

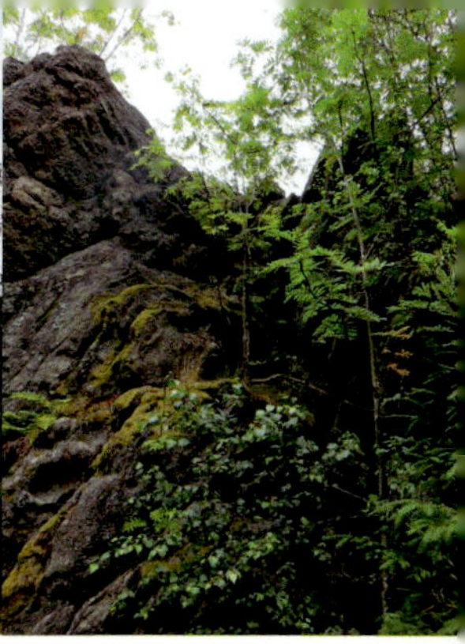

Kastenstein bei Kollnburg

GPS: N 49° 02.962 • E 012° 49.842

Bei Kollnburg liegt eine kleine Erhebung namens Kastenstein. Auf 822 Metern über Null steht das Gipfelkreuz auf einem Felsen.

Um diesen Kreuzfelsen sind aber merkwürdige Vertiefungen im Fels; durch ihre Glattheit scheinen diese in den Fels geschliffen worden zu sein. Eine natürliche Entstehung ist hier auszuschließen.

Sonderbare Formen bilden diese Vertiefungen und je länger man diese ansieht, umso mehr Mystisches glaubt man darin zu erkennen. Gesichter, Tierköpfe oder Tatzenabdrücke scheinen sich abzubilden. Bei genauer Betrachtung des Felsens tauchen immer wieder neue Strukturen auf, welche von Menschenhand zu sein scheinen.

Aber was bedeuten diese Vertiefungen für unserer Vorfahren? Waren es Wegmarkierungen? Oder Nischen, die sakrale Gegenstände beinhalteten?

Dies wird wohl im Dunkel der Geschichte bleiben.

Ausgangspunkt: Münchshofen

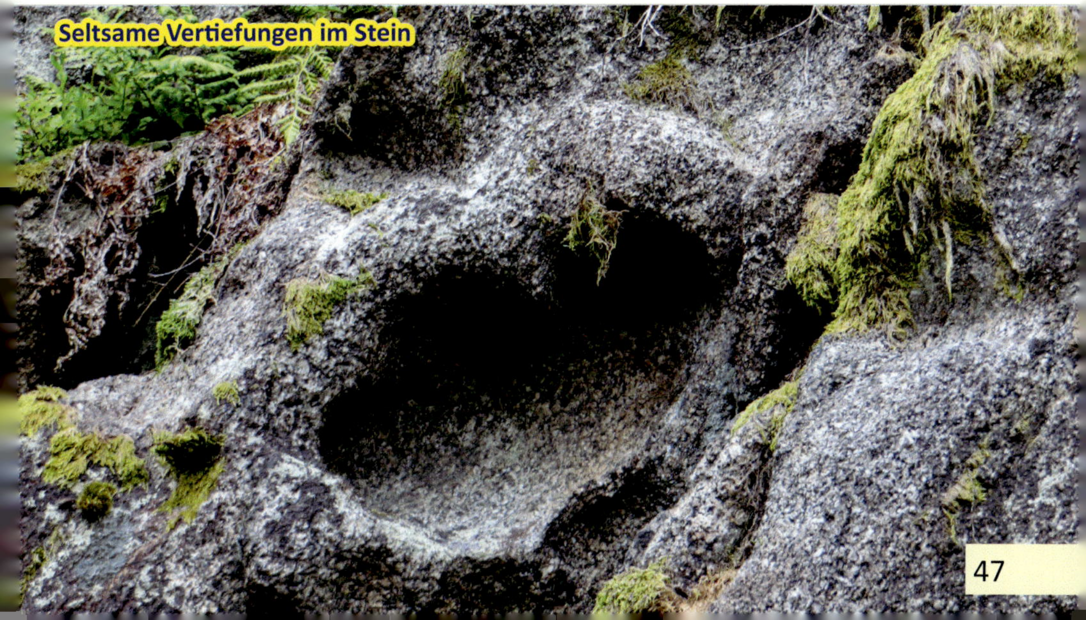

Seltsame Vertiefungen im Stein

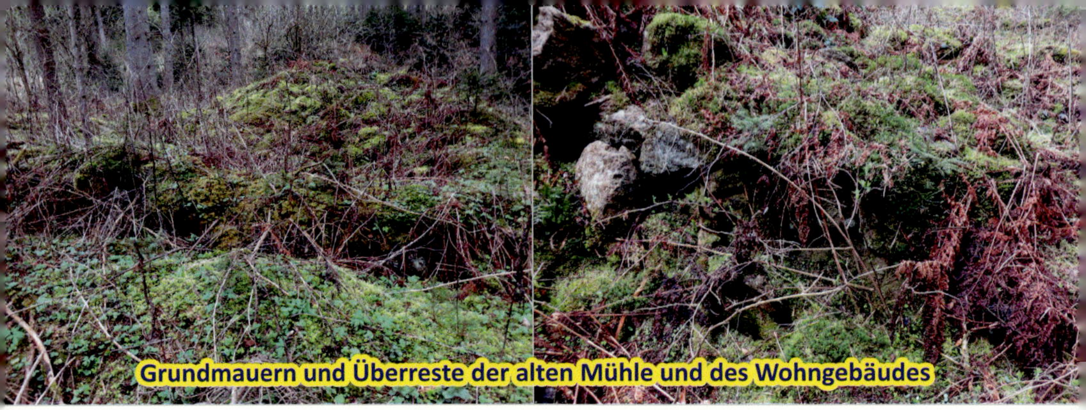

Grundmauern und Überreste der alten Mühle und des Wohngebäudes

Katzenbacher Mühle

GPS: N 49° 00.742 • E 013° 06.191

Die Katzenbacher Mühle befand sich am Waldrand bei Katzenbach. Diese Mühle wurde um das Jahr 1929 abgerissen und der Wald aufgeforstet.

Wenn man dem Katzenbach ein wenig in den Wald hineinfolgt, kann man heute noch die Grundmauern erkennen. Angeblich gibt es darunter noch einen intakten Keller. Man müsste aber die Grundmauern und das Fundament von den Verwucherungen freilegen.

Zu erkennen sind am Bach noch die Grundmauern der Mühle und ein paar Meter weiter die Grundmauern des Wohnhauses.

Sage zu dieser Mühle

Angeblich hat der Müllner immer wieder Kinder in die Mühle verschleppt, dort misshandelt und ermordet. Niemand weiß etwas über den Verbleib dieser Kinder. In manchen Nächten kann man diese verschollenen Kinder, von der ehemaligen Mühle aus, bis ins Dorf Katzenbach Jammern und Schreien hören.

Ausgangspunkt: Katzenbach

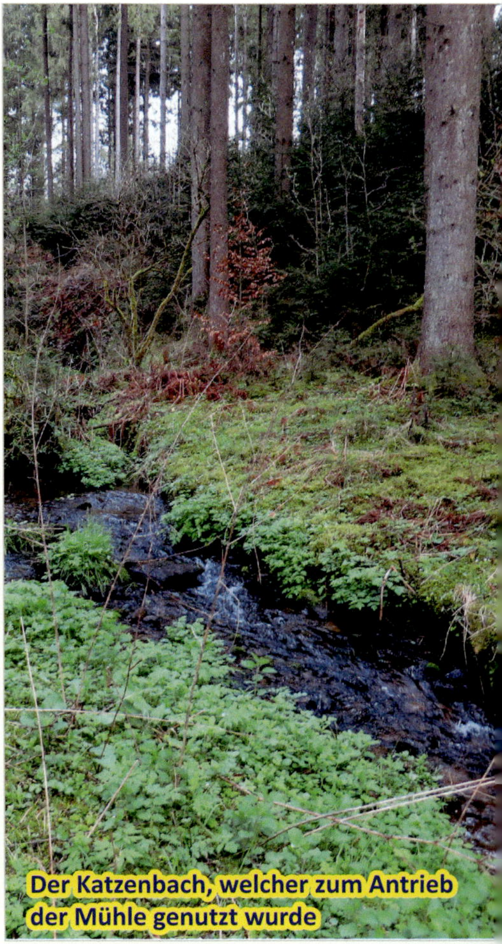

Der Katzenbach, welcher zum Antrieb der Mühle genutzt wurde

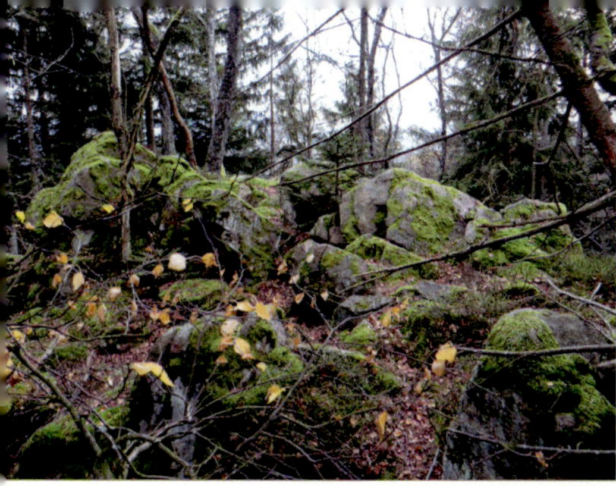

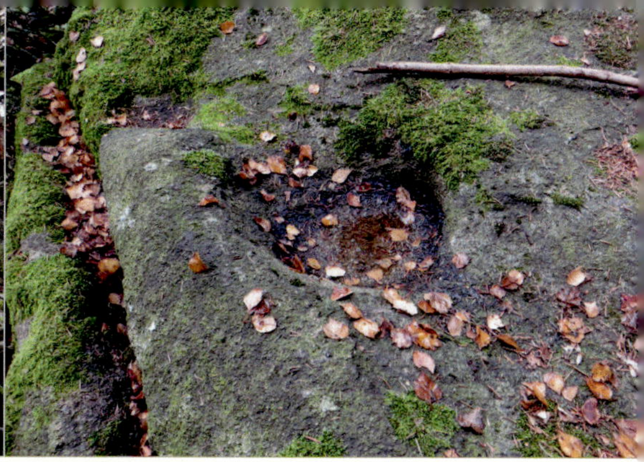

Keltenstein in Schwaben

GPS: N 49° 04.275 • E 012° 50.501

Neben dem Griabalstein gibt es in Schwaben noch den Keltenstein mit einer Opferschale. Genau an der Stelle, wo sich dieser Stein mit der Opferschale befindet, treffen sich die drei Gemeinden Kollnburg, Prackenbach und St. Englmar – was für die Wichtigkeit dieser Schale spricht, denn wahrscheinlich waren dies auch vor langer Zeit schon Stammes- oder Clangrenzen. Es kann gut sein, dass diese Stelle für gemeinschaftliche Feste diente. Der Stein ist auch der Erste aus einer Reihe vom Keltenstein über den Griabalstein zum Igleinsberg, welche eine Linie Richtung Sommersonnenwende darstellten. So wäre es denkbar, dass hier an dieser Stelle drei verschiedene Stämme die Sommersonnenwende feierten.

Etwas unterhalb der Opferschale befindet sich ein markanter Stein, der Ähnlichkeit mit einer kleinen Pyramide hat.

GPS: N 49° 04.271 • E 012° 50.473

Ausgangspunkt: Schwaben bei Prackenbach

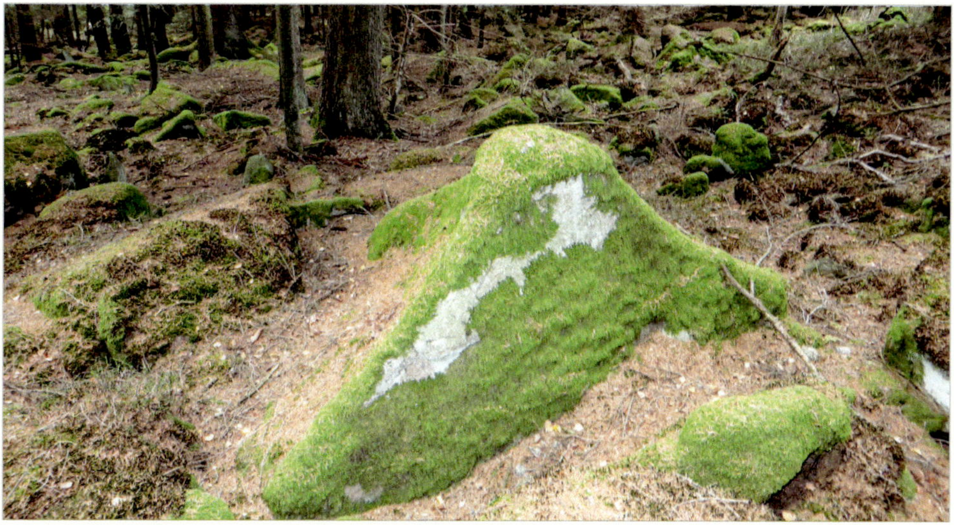

Liebesfelsen bei Kollnburg

GPS: N 49° 02.780 • E 012° 51.887

In einem kleinen Waldstück bei Kollnburg gibt es einen Felsriegel, der bei den Einheimischen als Liebesfelsen bekannt ist. Wahrscheinlich ist dieser Platz für frisch verliebte Pärchen ideal, um dort Zeit miteinander zu verbringen.

Der Felsriegel bietet einen wunderbaren Fernblick, der einen zum Verweilen und Genießen einlädt. Ein großes Kreuz wurde an dieser Stelle angebracht, das an einen verstorbenen Kollnburger erinnern soll. Ein wenig unterhalb, auf einem Vorsprung des Riegels, befindet sich ein Stein, der an einen Thronsessel erinnert. Wer sich auf diesen Sessel setzt, kann die Aussicht auf die Gegend, die sich vor einem erstreckt, hervorragend genießen oder sie auch überwachen. Man hatte von hier aus Überblick auf einen alten Säumerweg, der auch Baierweg genannt wird. Neben diesem Sesselstein ist ein anderer Stein, in den seltsame Vertiefungen und Rillen geritzt wurden. Sollten diese Rillen auf etwas hinweisen, wie eine Art Landkarte?

Eine andere Theorie besagt, dass dies ein Ort war, an dem Fruchtbarkeitsriten vollzogen wurden. Dies würde den jetzt noch bekannten Namen erklären. Vielleicht mussten sich die Frauen auf diesen Sesselstein setzen und die Götter um Kindersegen, um Fruchtbarkeit bitten. Neben dem Kreuz führt ein schmaler, behauener Gang zu einer Unterseite des Felsens. Vielleicht ist dies ein sogenannter Schlupf, wo man zuerst seine Sünden abstreifte, bevor man auf den Sesselstein durfte. Genaueres wird man wahrscheinlich nur mit Ausgrabungen erfahren, aber auch so ist dieser mystische Ort auf alle Fälle einen Besuch wert.

Ausgangspunkt: Kollnburg

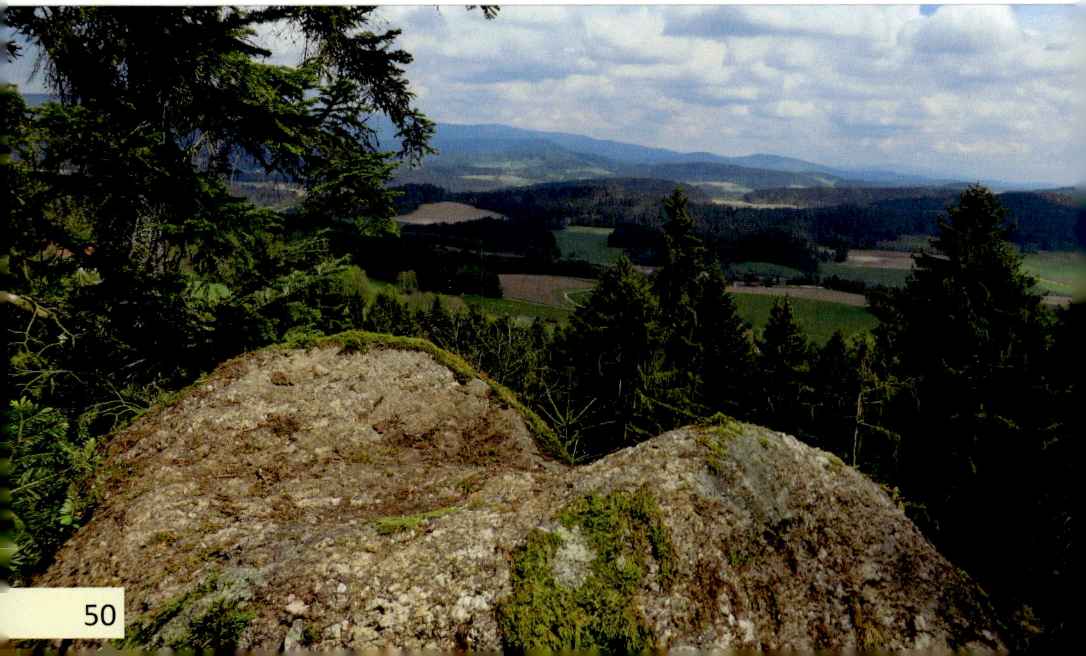

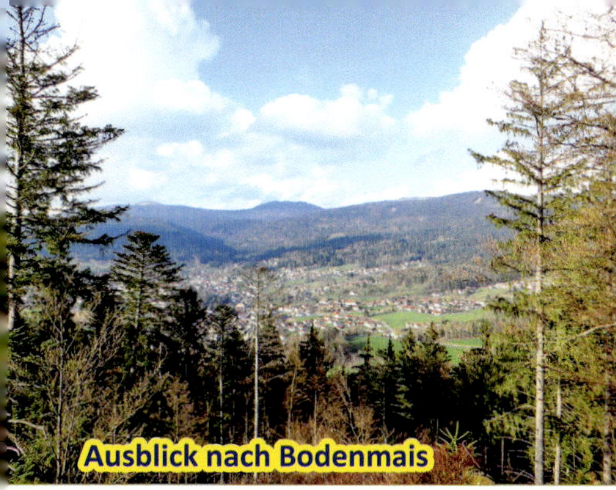

Ausblick nach Bodenmais

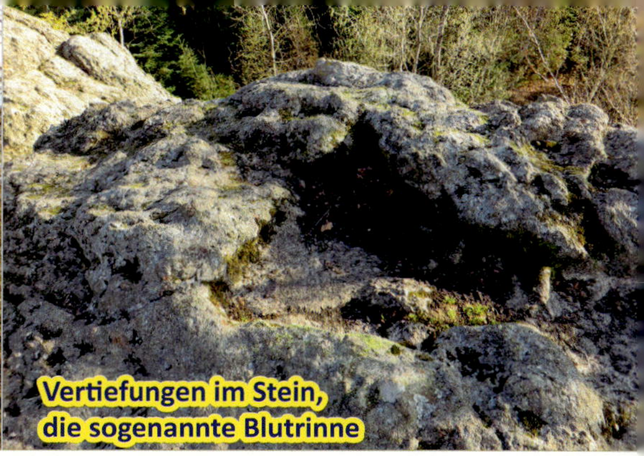

Vertiefungen im Stein, die sogenannte Blutrinne

Riederinfelsen bei Bodenmais

GPS: N 49°03.151 • E 013°05.775

Auf dem Riederinberg steht der sogenannte Riederinfelsen. Dies ist ein etwa 10 Meter hoher markanter Felsen, auf dem laut alten Überlieferungen Keltenschalen eingeschlagen worden sind. Diese Opferschalen werden von den Einheimischen als Blutrinne bezeichnet. Hier sollen den Göttern Opfer gebracht worden sein. Was genau diese Opfer waren, kann man heute nicht mehr genau sagen; aber von der größeren Opferschale geht eine Rinne über den Felsenrand weg. Dort kann man sich mit Grausen vorstellen, dass hier Menschen oder Tiere geopfert und das Blut in der Rinne aufgefangen wurde, bis diese so weit gefüllt war, dass das Blut über die Rinne in den Abgrund floss. Das Blut hätte sich dann über kleinere Rinnen verteilt und einen schrecklich schaurigen Anblick ergeben. Was für einen keltischen Opferplatz spricht, ist, dass man vom Riederinfelsen einen schönen Blick auf den heiligen Berg der Kelten hatte, den Großen Arber. Man sieht vom Felsen direkt in die Rieslochschlucht, die zum Arber führt. So könnte der Riederinfelsen die letzte Station der keltischen Wallfahrer gewesen sein, bevor sie sich am nächsten Tag zum Arber aufmachten.

Der Stein ist mit einer etwa acht Meter hohen Eisenleiter zu erklimmen. Von oben hat man einen sehr schönen Blick ins Zellertal und nach Bodenmais, das von dieser Blickrichtung direkt unter dem Massiv des Großen Arbers liegt.

Der Stein wurde im Dritten Reich von der SS als Opferstätte und mystischer Ort markiert und es wurde ein Schild mit dem Hakenkreuz darauf angebracht. Heinrich Himmler ließ solche alten Kultorte suchen und kartographieren, damit er sie nach dem Endsieg für seine SS-Rituale verwenden konnte. Dieses Schild wurde nach dem Zweiten Weltkrieg wieder entfernt; heute erinnert nur noch eine Eisenstange auf dem Riederinfelsen an die Stelle, an der das Schild angebracht war.

2015 wurde auf dem Riederinfelsen ein Gipfelkreuz angebracht.

Ausgangspunkt: Bahnhof Böhmhof bei Bodenmais

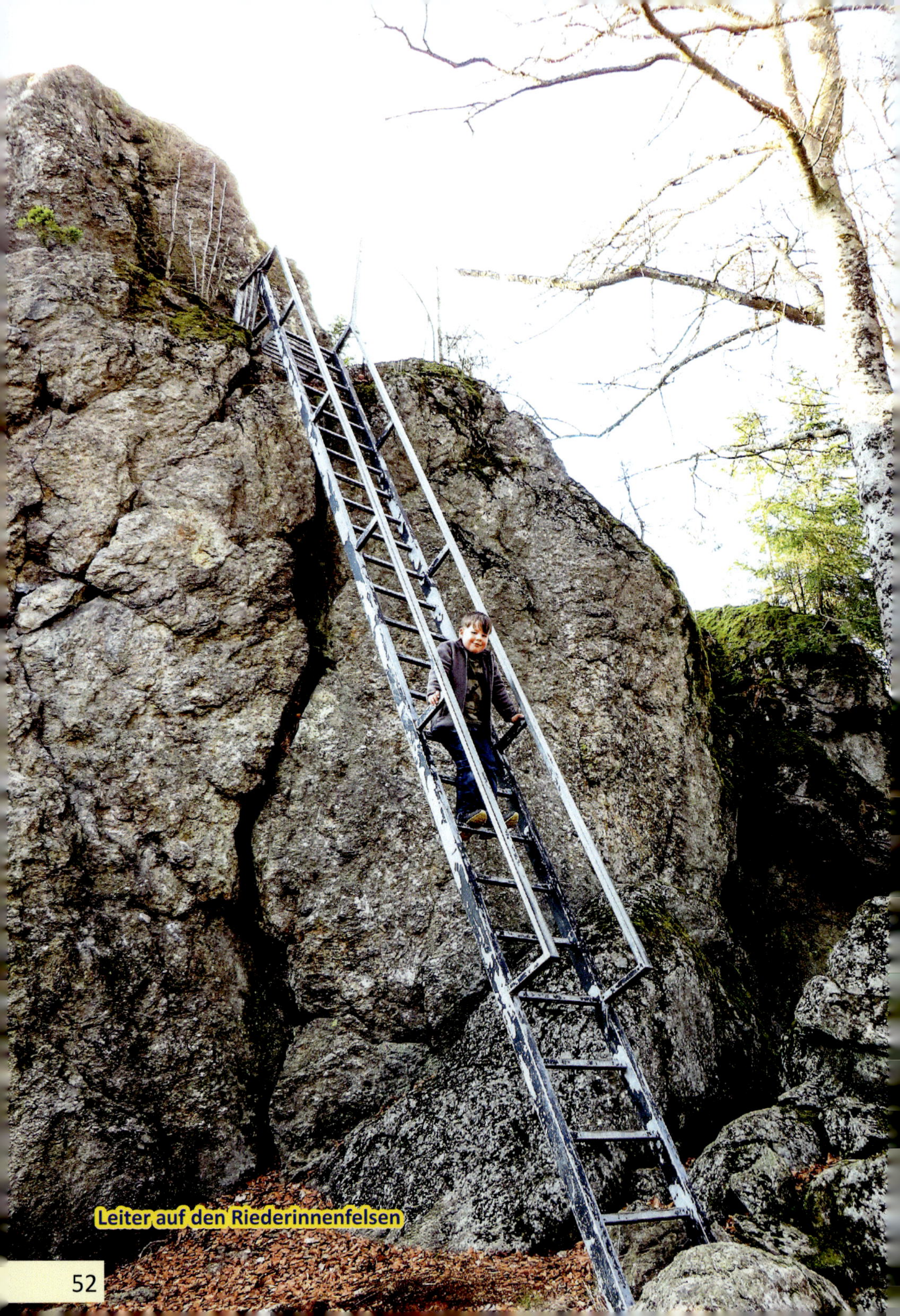
Leiter auf den Riederinnenfelsen

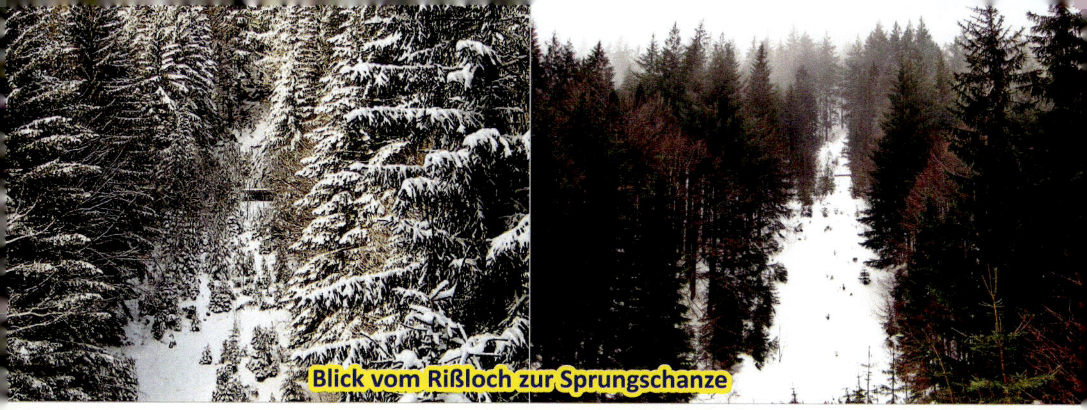

Blick vom Rißloch zur Sprungschanze

Skisprungschanze am Rißloch

GPS: 49°05 010N • 13°06 371E

In einem der schönsten Wandergebiete, dem Rißloch, kann man bei genauem Hinsehen eine alte Skisprungschanze entdecken.

Diese wurde am 30. Januar 1949 eröffnet und später sogar auf eine 60-Meter-Schanze erweitert. Bei den Sprungwettbewerben kamen bis zu 10 000 Besucher, um die internationalen Skispringer zu sehen. Mit der Zeit wurden aber die Sprungschanzen immer größer und länger, so dass die Rißlochschanze nicht mehr den Anforderungen entsprach. Ein Ausbau der Schanze war wegen des unter Naturschutz gestellten Rißlochs nicht mehr möglich. Die Schanze wurde noch bis in die 80er Jahre des 20. Jahrhunderts betrieben und dann 1997 für immer stillgelegt.

Ausgangspunkt: Rieslochparkplatz in Bodenmais

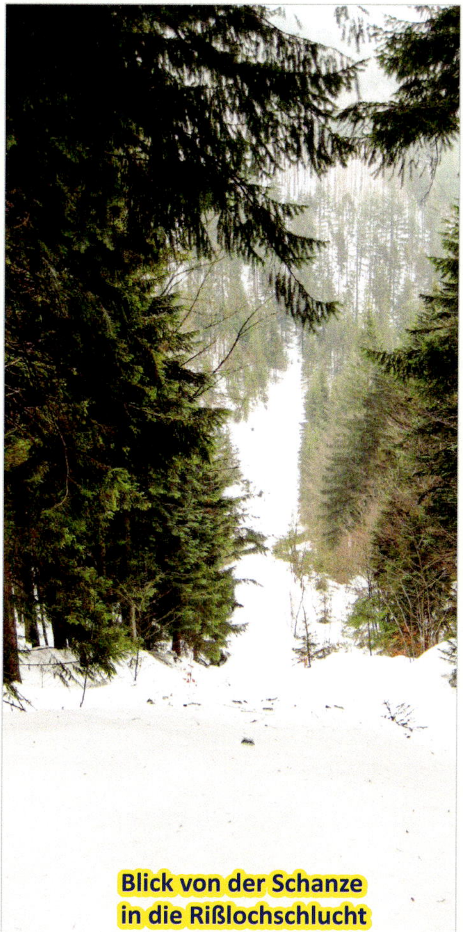

Blick von der Schanze in die Rißlochschlucht

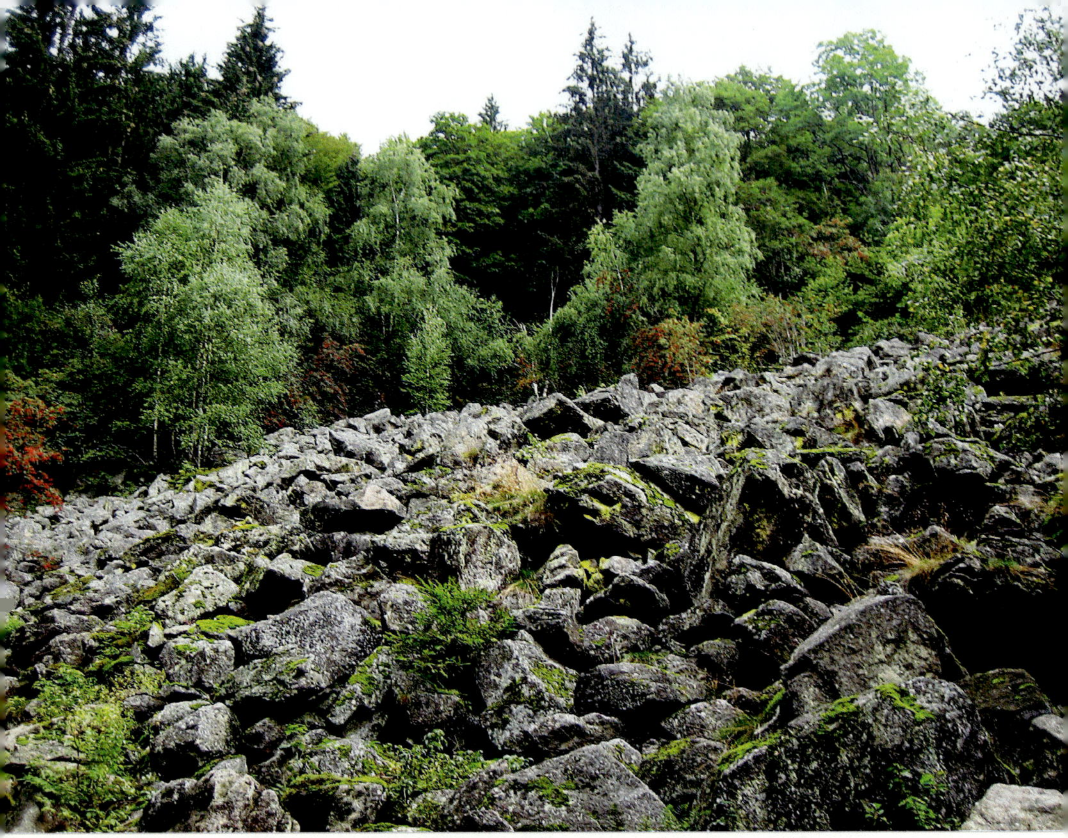

Die Saulochschlucht

GPS: 48°52 151 N • 13°00 448 E

Das Sauloch befindet sich zwischen Deggendorf und Bischofsmais. Wenn man den Böhmweg entlanggeht, kommt man an ihm vorbei. Es ist eine seltsame Steinformation, wo lauter einzelne Steine an einem Hang übereinanderliegen. Es sieht aus, als wären diese Steine von jemandem übereinander gerichtet worden. Seltsamerweise werden diese Steine von fast keiner Vegetation überwachsen.

Es gibt zwei Sagen zu diesem Ort:

In einer Sage heißt es, dass sich an diesem Ort der Teufel mit den Hexen vergnügte und mit ihnen Steine hin- und hergeworfen hat. Dies muss sehr oft gewesen sein, da hier so viele Steine liegen.

In der anderen Sage heißt es, dass die Teufel hier Kegel geschoben haben. Statt der Kugeln und Kegel haben sie Steine benützt.

Sauloch wurde dieser Ort deswegen genannt, weil den Säumern, die auf dem Böhmweg nach Böhmen gingen, der Ort nicht geheuer war. Sie waren froh, wenn sie dieses Sauloch wieder verlassen hatten, ohne angeweizt zu werden.

Ausgangspunkt: Mietraching

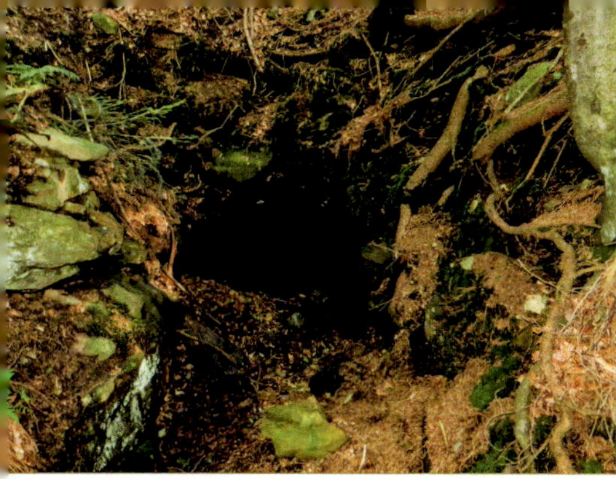

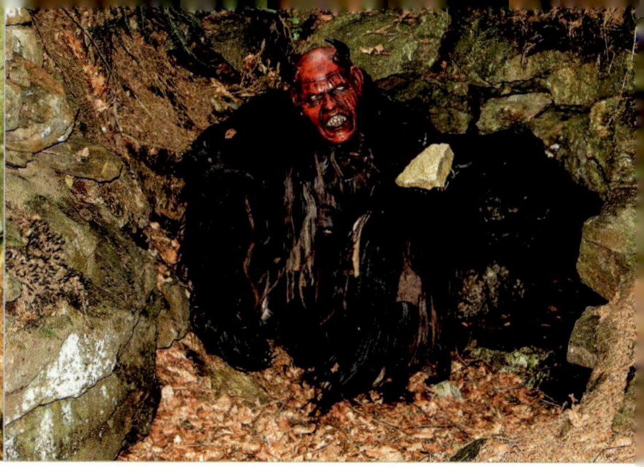

Sattelbrunnen am Mühlriegel

GPS: N 49° 09.346 • E 013° 01.801

Dies war vor vielen Jahren einmal ein Bergwerk – wie alt es ist und was abgebaut wurde, da streiten sich die Gelehrten. Einige sagen, es wurde Gold abgebaut, andere erzählen von Rosenquarz. Die einen meinen, es ist ein Bergwerk aus germanischer oder keltischer Zeit, die anderen glauben, dass es nicht so alt ist.

Der Eingang dieses Bergwerkes ist offen, etwa 1,5 Meter im Durchmesser und rund. Der Gang führt etwa 18 Meter tief in den Berg hinein. Durch die mit der Zeit vor dem Ausgang angefallenen Blätter staut sich das Wasser im Bergwerk und ist heute kniehoch, weshalb er wahrscheinlich den Namen Sattelbrunnen bekam.

An Fronleichnam, während der Prozession, soll in diesem Bergwerk der Teufel auf einer Truhe voller Gold sitzen. Wer sich um diese Zeit in den Stollen wagt und die Schatzkiste zu berühren vermag, dem gehört dieser Schatz. Ein Mann soll dies in den 1930er Jahren probiert haben. Er ging als junger Mann mit tiefschwarzen Haaren in das Bergwerk; als er es fluchtartig verließ, war sein Haar schneeweiß geworden. Er erzählte nie, was ihm in diesem Bergwerk widerfahren war.

Eine andere Geschichte zu diesem Bergwerk erzählt uns, dass hier einmal zwei Brüder nach Gold schürften, sie auch sehr viel fanden und dadurch beim Teilen zu Streiten begannen. Ein Bruder soll vor lauter Neid und Habgier den anderen erschlagen haben. Aus Scham über seine Tat ließ er das gefundene Gold in der Bergwerkshöhle zurück und verschwand spurlos. Dieses Gold soll man heute noch am Fronleichnamstag in der Höhle sehen können; es soll durch die Bluttat verflucht sein und von der armen Seele des Mörders bewacht werden.

Ausgangspunkt: Wanderparkplatz Eck bei Arnbruck

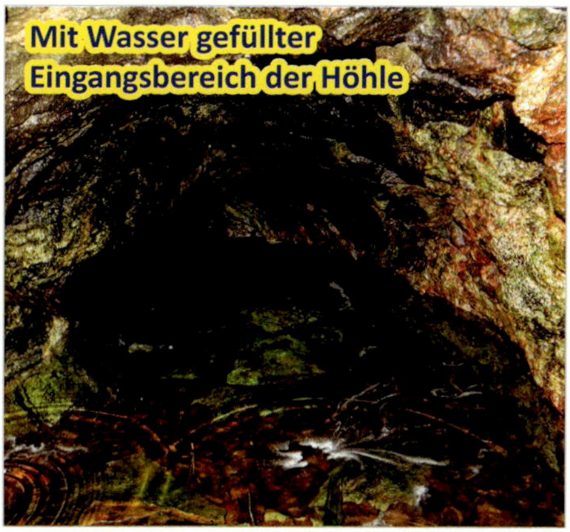

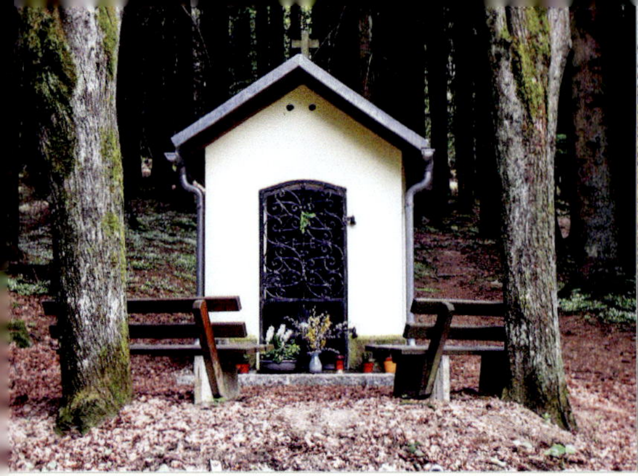

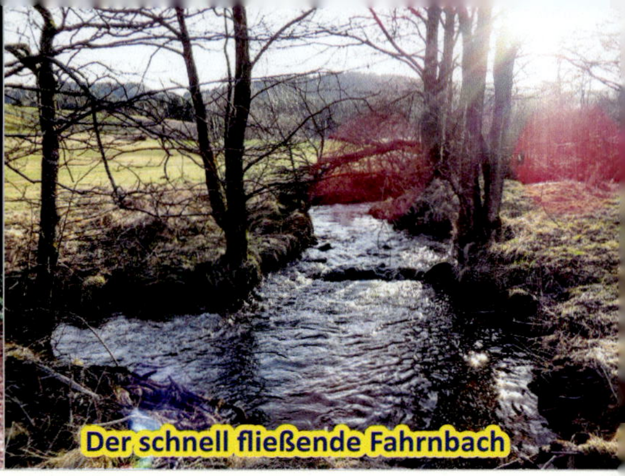

Der schnell fließende Fahrnbach

Schochertkapelle und Irrwurz

GPS: N 48°55.257 • E013°05.515

Mitten in einem Wald bei Bischofsmais, auch Schochert genannt, steht eine kleine unscheinbare Kapelle, welche als Schochertkapelle bezeichnet wird.

Hier an dieser Stelle haben die Menschen, die diesen Wald durchqueren wollten, die Orientierung verloren. Teils irrten sie dann die ganze Nacht bis zum Morgen orientierungslos durch den Wald. Schuld daran soll eine sogenannte Irrwurz sein, die dort im Waldboden sein soll. Wer auf diese Irrwurz tritt, verläuft sich und findet den Weg erst wieder beim Morgenanläuten.

Um diese Irrwurz unschädlich zu machen, wurde genau an dieser Stelle, wo sie sich befunden haben soll, diese Kapelle gebaut. Dadurch war ihre Macht gebrochen und die Menschen konnten wieder in aller Ruhe den Wald durchqueren, ohne sich zu verlaufen.

Ausgangspunkt: Bischofsmais

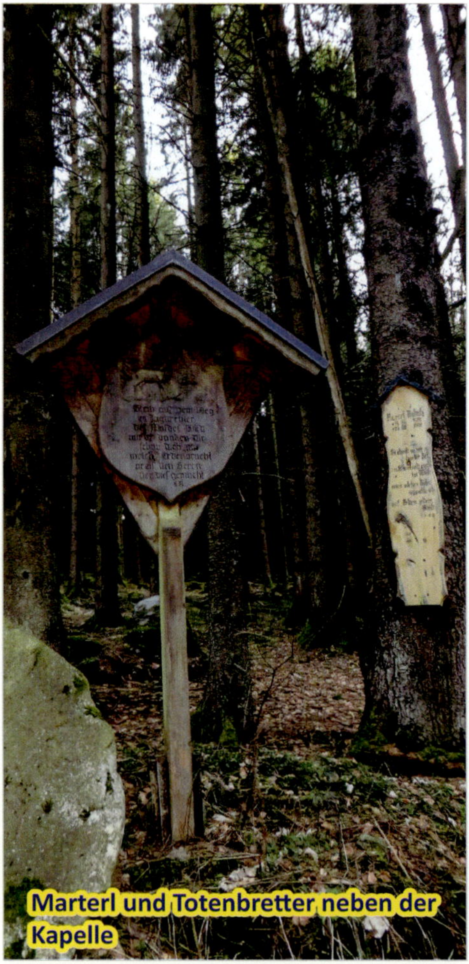

Marterl und Totenbretter neben der Kapelle

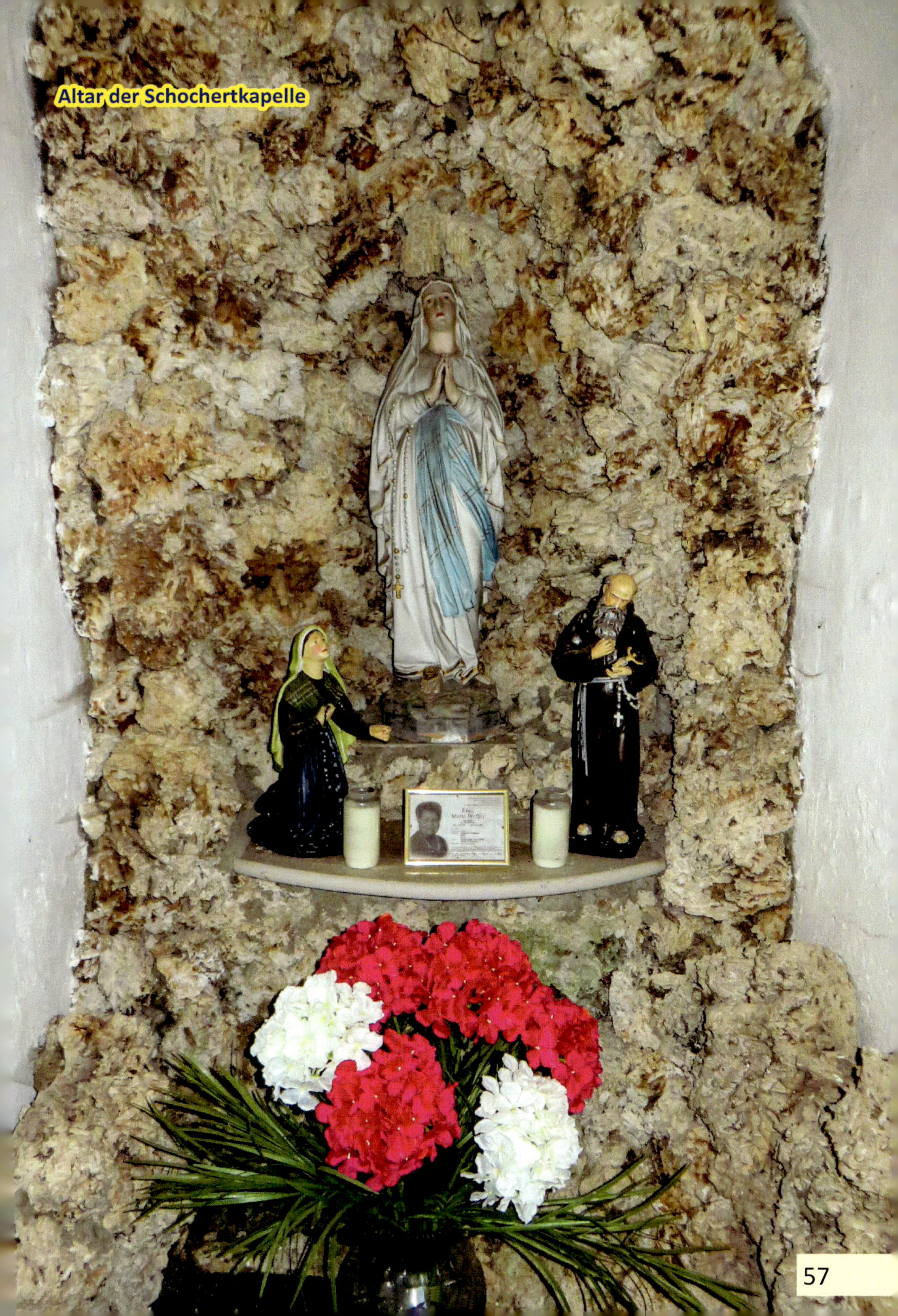

Altar der Schochertkapelle

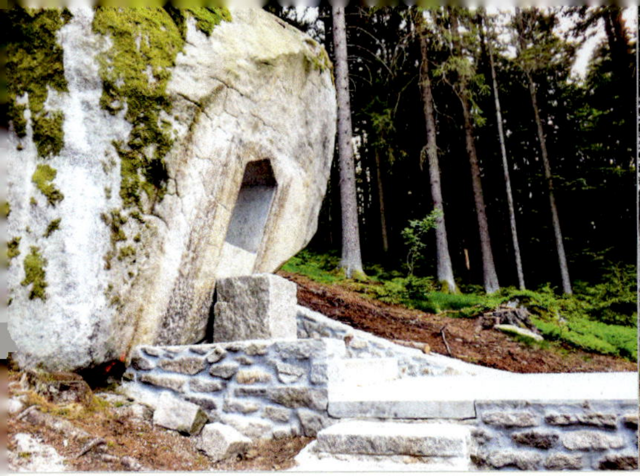

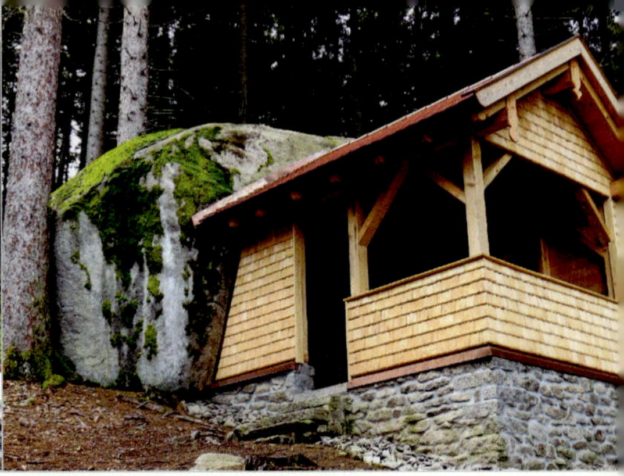

Die Kapelle am singenden Stein

GPS Daten: N48° 57.943 • E013° 01.902

Das Burgfräulein Theorina von Weißenstein war in den Ritter Gebar von Ruhmannsfelden verliebt. Beide trafen sich oft in der Mitte der Wegstrecke zwischen Ruhmannsfelden und Weißenstein. Oberhalb Göttleinsberg im Wald war ein großer Felsen; hier war ihr Treffpunkt. Eines Tages wollte Ritter Gebar an einem Turnier teilnehmen. Er verabschiedete sich von Theorina und versprach ihr bald und ruhmreich zurückzukommen. Das Burgfräulein hatte solche Sehnsucht nach ihrem Geliebten, dass es jeden Tag zu dem Felsen ging, in der Hoffnung Gebar sei schon wieder zurückgekommen. Auf dem Turnier geriet dieser aber in Streit mit einem anderen Ritter, welcher ihn zu einem Duell auf Leben und Tod forderte. Gebar nahm diese Herausforderung und wurde tödlich verletzt.

Als Theorina diese Kunde erhielt, wartete sie wie jeden Tag gerade an diesem Felsen. Sie weinte so stark, dass sie erblindete. Blind und hilflos saß sie vor dem Felsen, als die Hexe Akanita sie sah. Akanita war die oberste Hexe der Gegend und hauste auf der Hexenblesse, auf der gegenüberliegenden Anhöhe. Die Hexe sprach: „So nun hab ich dich, du Christin“. Sie sprach einen Zauber aus und verbannte das Burgfräulein für alle Zeiten in den Felsen.

Oft kamen Jäger oder Holzarbeiter an diesem Felsen vorbei und hörten dort immer eine Frauenstimme singen. Es hörte sich so an, als wenn diese Stimme aus dem Felsen käme.

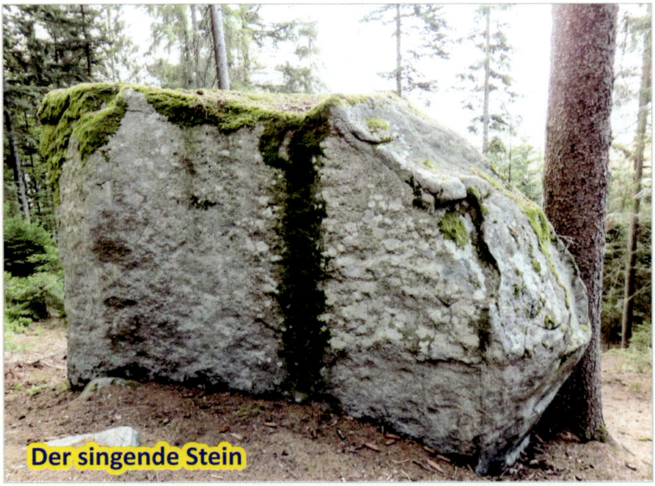

Der singende Stein

Eines Tages kam ein Steinmetz vorbei und wollte dieser Sage auf den Grund gehen. Er meißelte in diesen Felsen ein großes Loch, da er der Meinung war, dass dieser Felsen innen hohl sein musste und das Burgfräulein darin gefangen war. Aber nach einiger Zeit merkte er, dass dieser Stein nicht hohl war, und beendete seine Arbeit. Später baute man an diesen Felsen eine Kapelle und das Loch im Felsen nutzte man als Altar.

Seit dieser Zeit wird diese Kapelle als Kapelle am singenden Stein bezeichnet.

Ob dieser Stein oder diese Stelle im Wald früher einmal eine heidnische Bedeutung hatte, kann heute nicht mehr nachgewiesen werden. Dennoch weist diese Sage auf eine Zauberin oder Hexe hin. Und es war üblich, dass auf alten Kultplätzen später eine katholische Kapelle erbaut wurde. So kann es gut sein, dass hier von Druiden oder kräuterkundigen Frauen Rituale vollzogen wurden.

Ausgangspunkt: Göttleinsberg

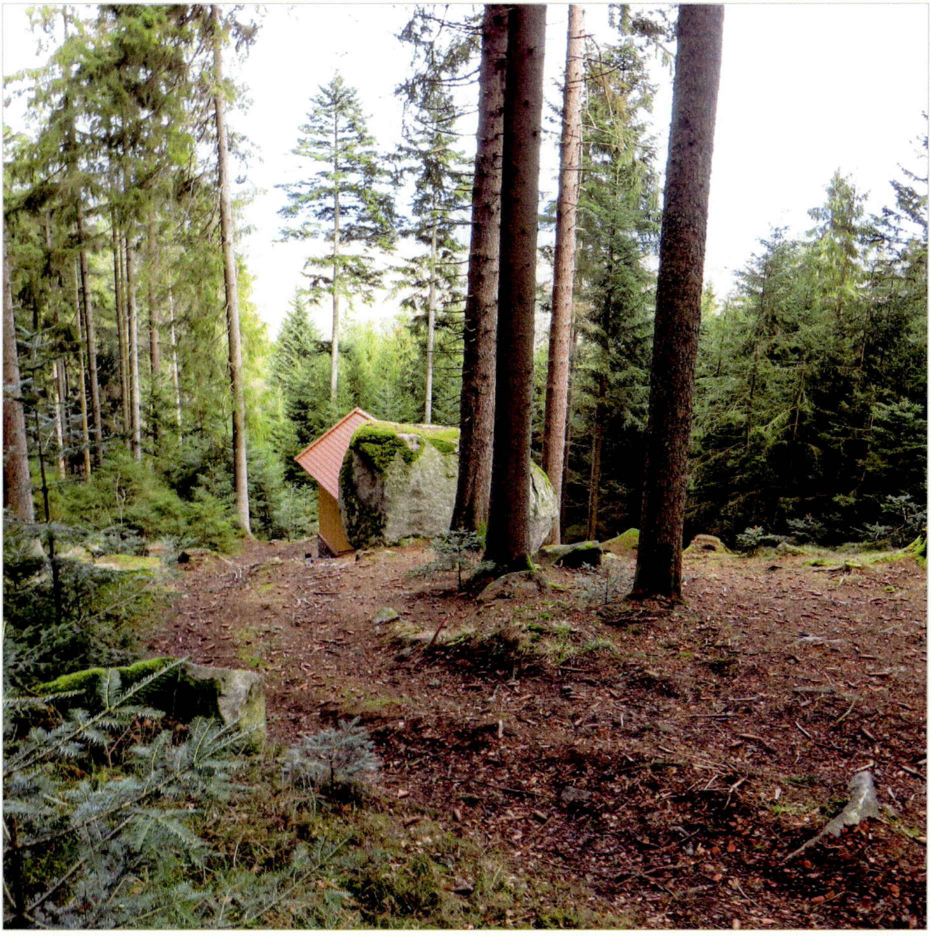

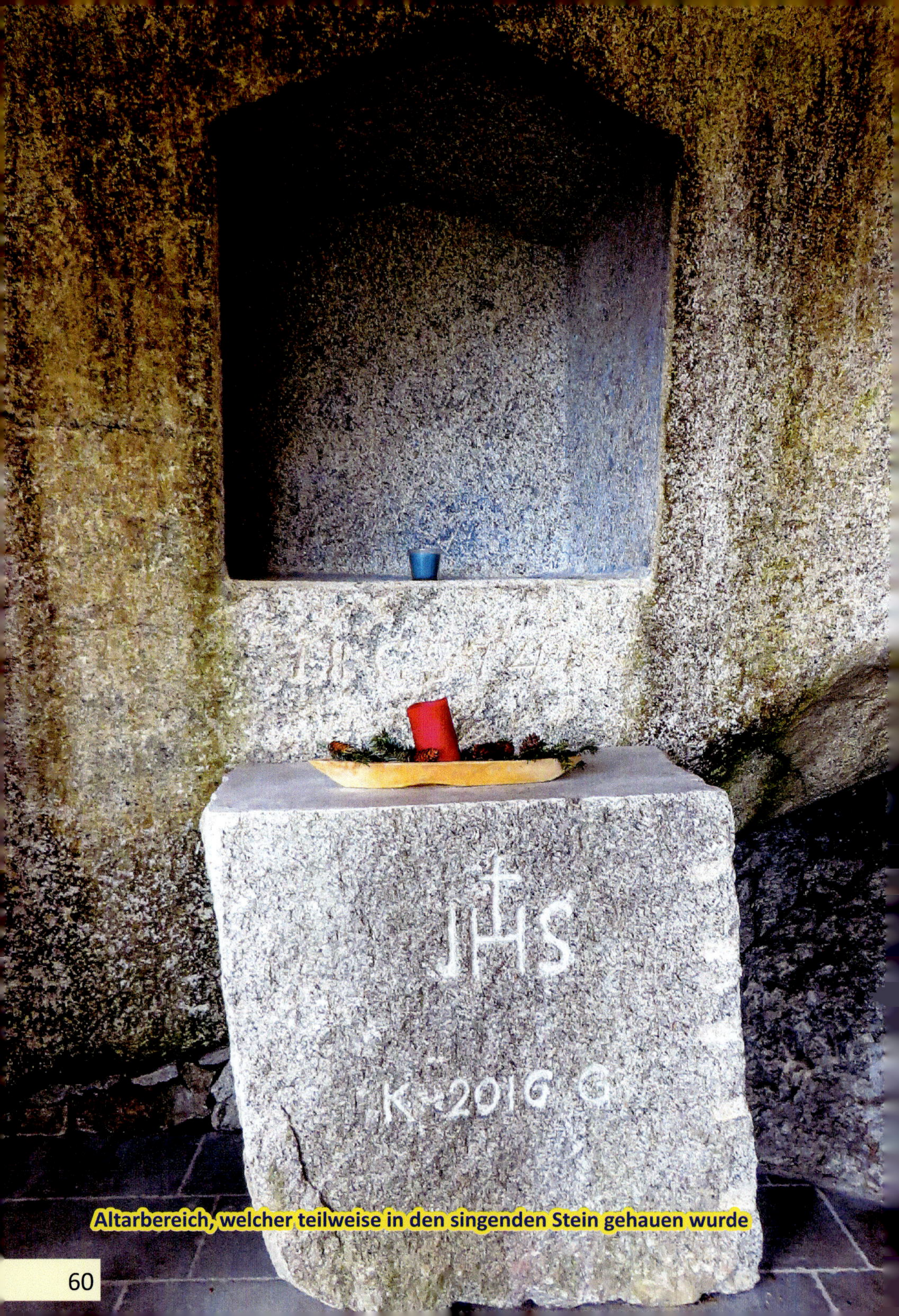

Altarbereich, welcher teilweise in den singenden Stein gehauen wurde

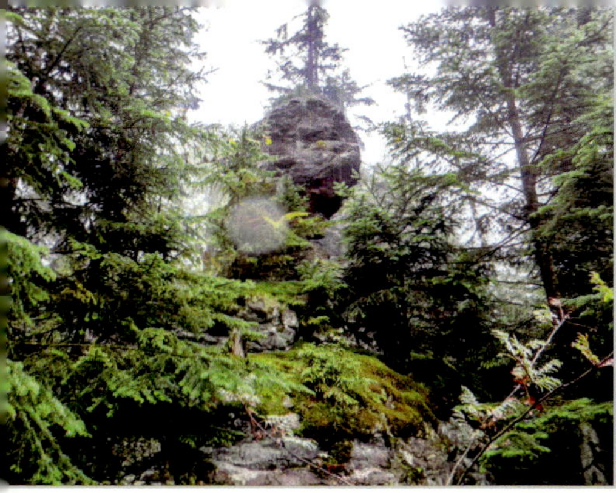
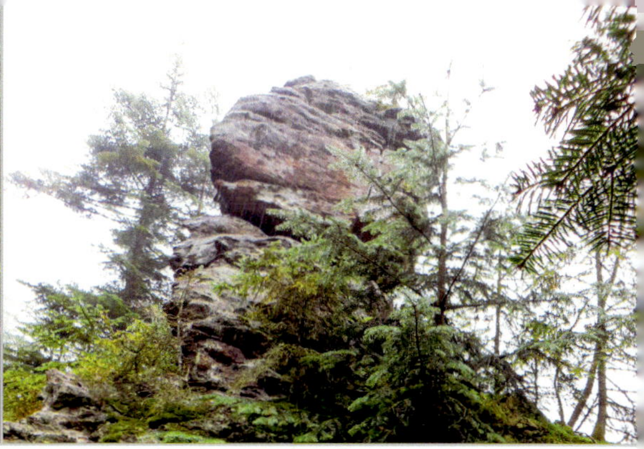

Die Sphinx am Hörndl bei Lohberg

GPS: N 49°08.770 • E 013°05.396

Als Sphinx wird eine Steinformation bezeichnet, die am Bergrücken des Hörndl liegt. Ab und zu kann man lesen, dass diese Steinformation als Gipfel des Sphinxberges bezeichnet wird und mit dem Hörndl einen Doppelgipfel bildet.

Vor vielen Jahren war die Sphinx noch in den Wanderkarten zu finden, heutzutage führen aber keine offiziellen Wanderwege mehr daran vorbei und so geriet dieses Naturdenkmal in Vergessenheit. In den neueren Wanderkarten ist diese nicht mehr aufgeführt und so auch von den Einheimischen fast gänzlich vergessen. Nur noch alte Legenden erzählen von diesem Ort, aber fast niemand weiß mehr, wo sich dieser befindet. Diese Steinformation wurde im Laufe der Zeit vom Wald verschluckt, selbst wenn man am Rückeweg fünf Meter danebensteht, ist sie nur schwer zu finden.

Die Sphinx selber ist eine Steinformation, auf deren Spitze ein Wackelstein thront. Dieser Wackelstein sieht von einer bestimmten Seite aus betrachtet wie ein Gesicht aus, weswegen ihm wahrscheinlich dieser Name gegeben wurde. Der Name wurde dieser Formation sicherlich in neuerer Zeit verliehen, ich denke so zwischen 1800 und 1900, wo schon einige Menschen etwas über die Sphinx in Ägypten wussten. Vielleicht sogar von französischen Soldaten aus der napoleonischen Zeit, die zuerst in Ägypten und nachher in Bayern stationiert waren.

Alte Bilder zeigen die Sphinx auf freiem Feld stehend, ohne von Wald umgeben zu sein. Dies war zur Hochzeit der Glashütten im Bayerischen Wald. Hier wurde massenweise Holz für die Befeuerung der Glashütten und die zum Glasmachen benötigte Pottasche gebraucht. So kann man aus Postkarten Ende des 19. Jahrhunderts sehen, dass viele Berggipfel im Bayerischen Wald kahlgeschlagen waren. Die Steinformation muss imposant ausgesehen haben, mit einer Höhe von etwa acht Metern und dem Wackelstein darauf.

Es ist gut möglich, dass diese Steinformation ein Naturheiligtum für unsere nicht christlichen Vorfahren war, welche solche Orte suchten und dort ihren Göttern huldigten.

Eine Legende über die Sphinx erzählt, dass dieser Stein, wenn es dunkel wird, leuchtet. Dies kann mehrere Hintergründe haben.

Die Sphinx stand frei, ohne umliegenden Wald auf dem Bergrücken, wenn nun die Sonne im Westen unterging, warf sie ihre letzten Strahlen auf die Berggipfel, während es im Tal schon dunkel war. Die steinerne Formation erstrahlte dann in rotem Licht, da sie im Gegensatz zu der mit Gras und Büschen überzogenen Oberfläche der Gipfel das Licht besser reflektierte. So schien diese Steinformation am Abend zu leuchten oder gar zu glühen.

Eine weitere Theorie wäre, dass dort in bestimmten Nächten die alten Götter angebetet wurden, dafür ein Feuer gemacht wurde und so diese Steinformation bis in die weite Ferne leuchtete.

Ausgangspunkt: Lohberg

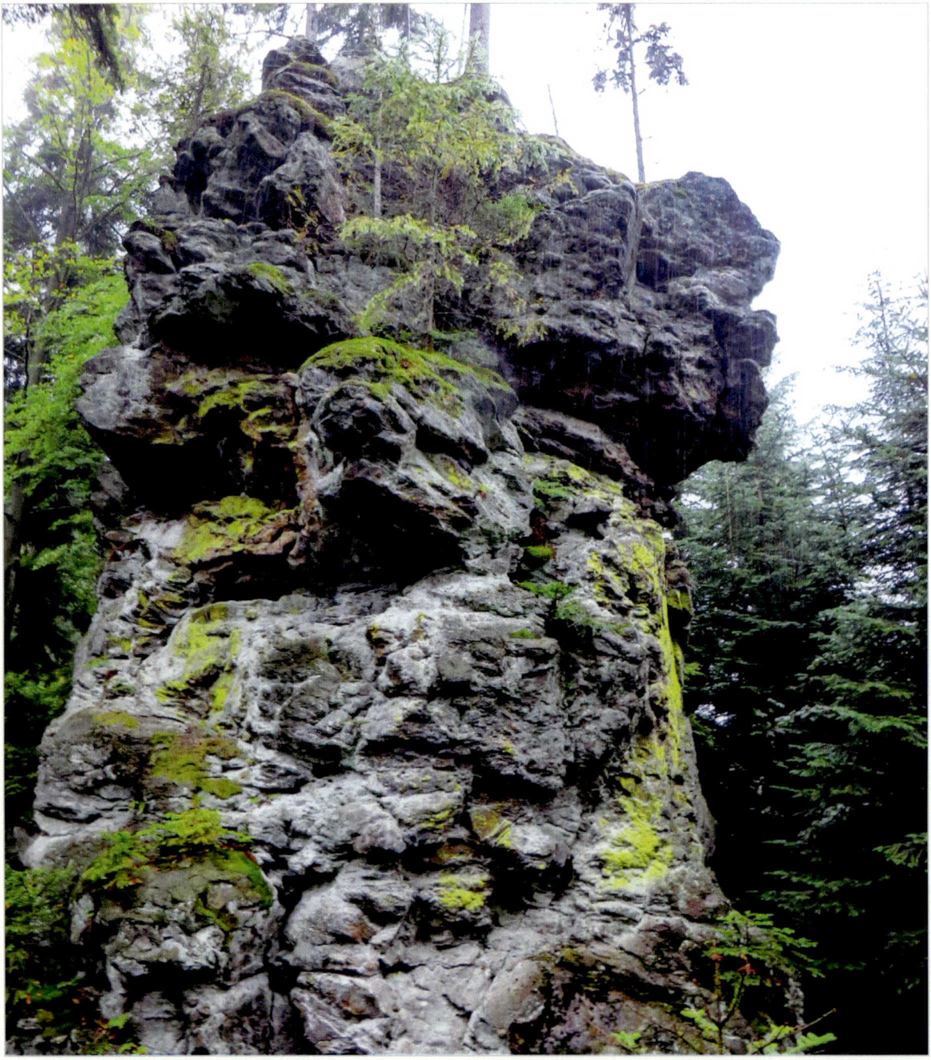

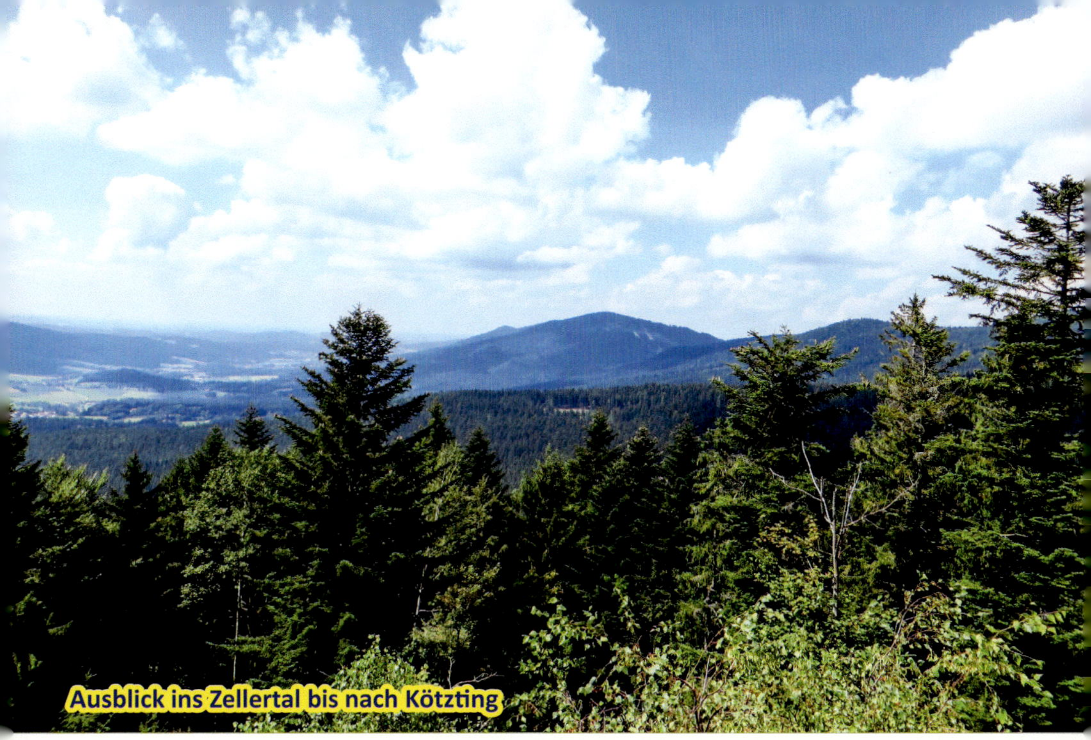

Ausblick ins Zellertal bis nach Kötzting

Spitzwaldkanzel oberhalb Schareben

GPS: N 49° 07.957 • E 013° 02.685

Ausgangspunkt für unsere kleine Wanderung ist der Berggasthof Schareben, der schon auf einer Höhe von 1019 Metern liegt.

Die Schareben erreicht man im Frühling, Sommer, Herbst mit dem Auto, im Winter ist dieser Weg für Autos gesperrt. Im Winter fährt der Zellertal-Skibus, der die Langläufer und Wanderer zum Berggasthof bringt.

Das Gebäude des Berggasthofes wurde 1846 für die Holzarbeiter erbaut, ab 1960 wurde es als Gasthaus betrieben.

http://www.naturparadies-berghuette-schareben.de/

Vom Berggasthof folgt man dem Wanderweg 12 zur Spitzwaldkanzel. Der 700 Meter lange Weg geht leicht bergab durch einen Wald. An der Spitzwaldkanzel angekommen, muss der leicht zu erklimmende Felsen bestiegen werden. Auf dem Felsen lädt eine hölzerne Bank zum Verweilen ein, wo man einen herrlichen Blick über das obere Zellertal genießen kann. An klaren Tagen kann man weit in die Oberpfalz blicken. Von hier aus hat man ebenfalls einen schönen Blick auf die Bergkette oberhalb der Schareben, die vom Arber bis zum Kaitersberg geht. Sie sehen aus wie eine grüne, hohe Wand, die uns den Blick in den Lamer Winkel verwehrt.

Nun geht man den gleichen Weg zurück und man kann es sich im Gasthaus gut gehen lassen.

Ausgangspunkt: Parkplatz Berggasthof Schareben

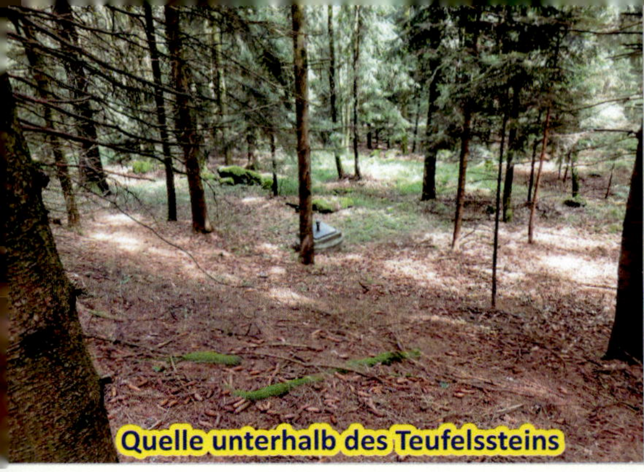

Quelle unterhalb des Teufelssteins

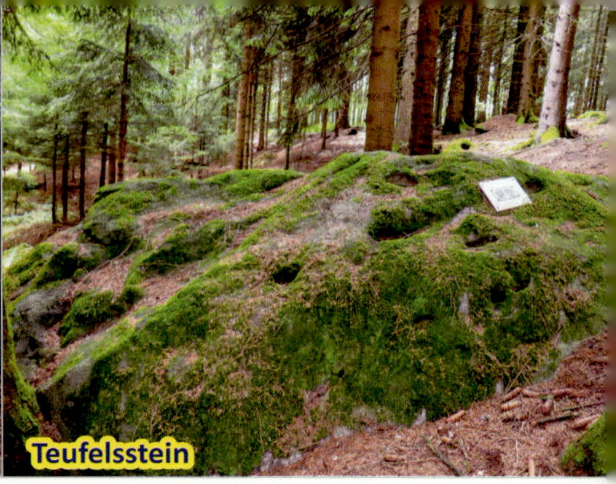

Teufelsstein

Teufelsstein

GPS: N 49° 02.685 • E 012° 50.015

Seit jeher wird dieser Stein, der sich im Wald bei Münchshöfen befindet, als Teufelsstein bezeichnet. Es mag an den Vertiefungen im Fels liegen, die wie Fußabdrücke aussehen und an den Rillen, die aussehen, als wären sie mit einer Kralle eingekratzt worden. Die Sage erzählt, dass der Teufel über diesen Stein ging und dies seine Spuren sind.

In Wahrheit war dies aber ein sakraler Ort unserer Vorfahren, diese meißelten diese Vertiefungen in den Fels, um ihre Rituale dort abzuhalten. Unsere heidnischen Vorfahren könnten diesen Stein als Lichterstein verwendet haben, indem sie in die Vertiefungen Harze oder Öle einfüllten und diese entzündeten. Bekannt ist, dass solche Rituale zum Totengedenken gemacht wurden.

Auch die unmittelbare Umgebung spricht dafür, dass dieser Ort eine sakrale Bedeutung hatte. Gleich unterhalb ist ein gefasste Quelle, die früher sicher offen war, Quelle und Steinheiligtum gehörten für die Kelten zum Beispiel zusammen. Auch sieht man in der Umgebung viele Bäume, die Wucherungen, sogenannte Krebsgeschwüre tragen, was auf eine große Erdstrahlung hindeutet.

Diese Erdstrahlung wurde von unseren Vorfahren gespürt, dort wachsen sogenannte Strahlungssucherpflanzen wie die Mistel, die ja in den früheren Religionen große Bedeutung hatte. Die Felsen und die Quelle dazu und fertig war das sakrale Naturheiligtum.

Als dann das Christentum Einzug hielt, wurde dieser Ort, der den alten Göttern geweiht war, als Teufelsort verrufen und so entstand der Name Teufelsstein.

Ausgangspunkt: Münchshofen

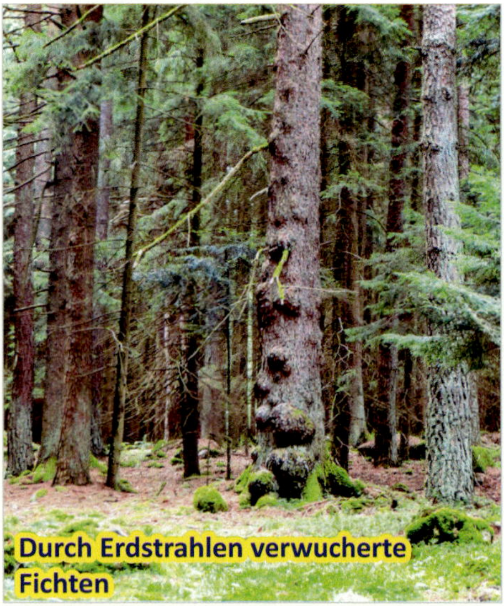

Durch Erdstrahlen verwucherte Fichten

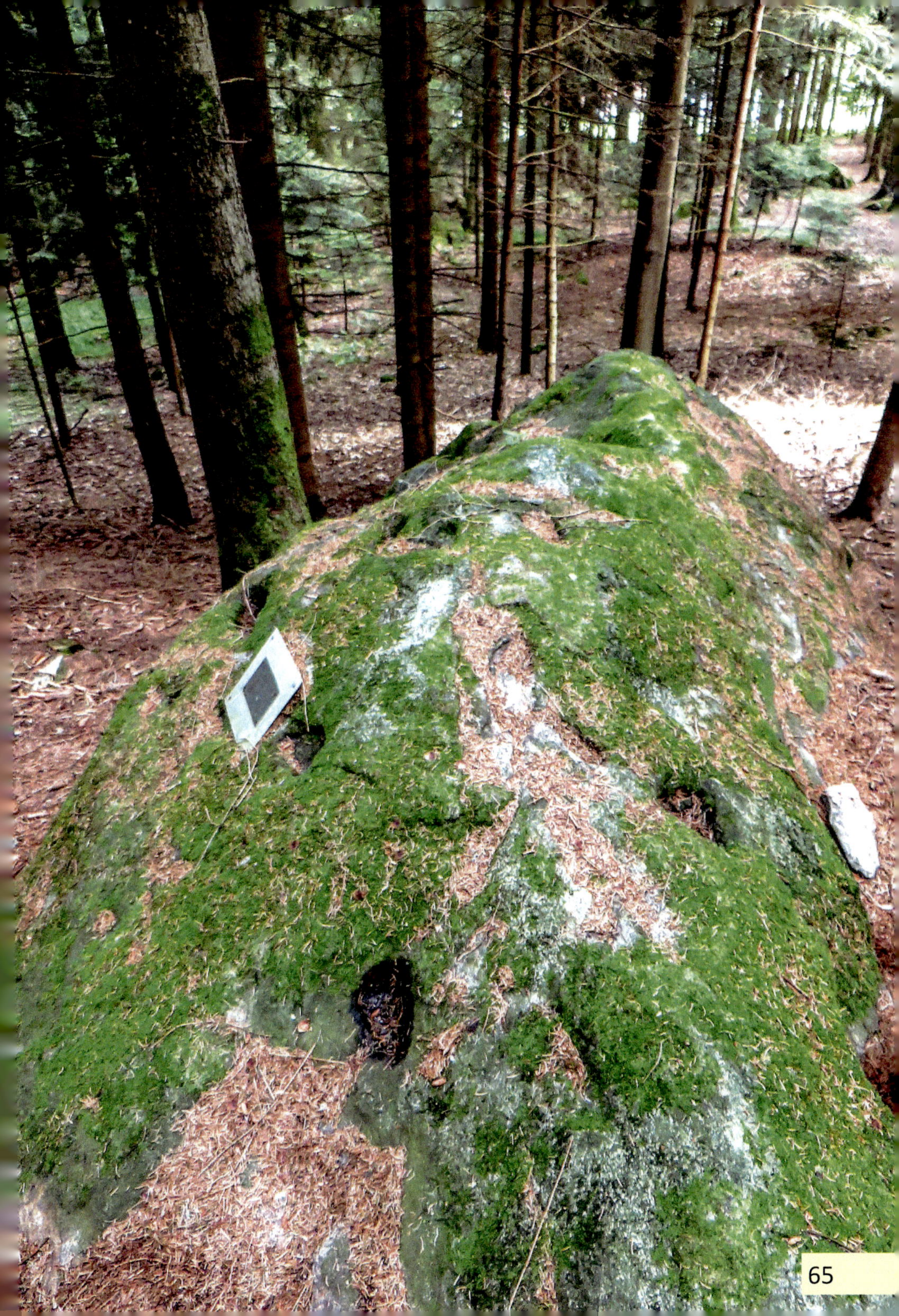

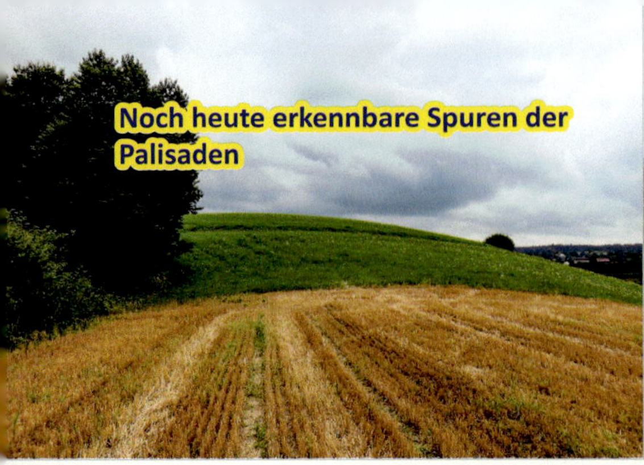

Noch heute erkennbare Spuren der Palisaden

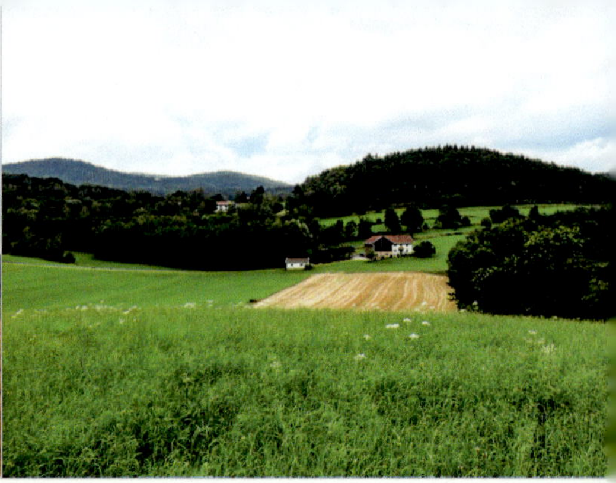

Burgstall bei Rugenmühle

GPS: N 49° 05.593 • E 012° 53.207

Wenn man auf der alten Straße von Viechtach nach Kötzting fährt, kommt man gleich nach Viechtach zu einer Brücke, die über den Fluss Regen führt. Gleich nach der Brücke führt eine steile Treppe die Felswand hinauf. Dort oben, wo jetzt eine Wiese ist, befand sich vor vielen Jahren ein Burgstall. Dieser diente zur Sicherung einer Furt über den Regen. Diese Furt gehörte zum Baierweg, der von Straubing nach Furth im Wald und dann ins Böhmische führte. Sehr gut erkennt man die Umrandung, wo früher die Holzpalisaden waren, wenn man weiter in die Wiese geht und diesen von einer kleinen Entfernung aus ansieht. Der Berg wurde teilweise abgetragen oder aufgeschüttet. Oben entstand eine ebene Fläche, der Burgstall. Dieser war wahrscheinlich rundum mit einer Holzpalisade geschützt, eventuell stand in der Mitte ein großer Holzturm. Die Seite zum Regenufer hin wurde mit einer Mauer geschützt, die aus großen Felsblöcken besteht, die man heute noch sehen kann, wenn man dem Flusswanderweg in das kleine Wäldchen folgt.

Wie alt dieser Burgstall ist, ist leider nicht erforscht, er könnte aber bis in die Zeit der Kelten oder frühen Germanen zurückgehen, welche schon mit den Menschen in Böhmen Handel trieben.

Ausgangspunkt: Rugenmühle bei Viechtach

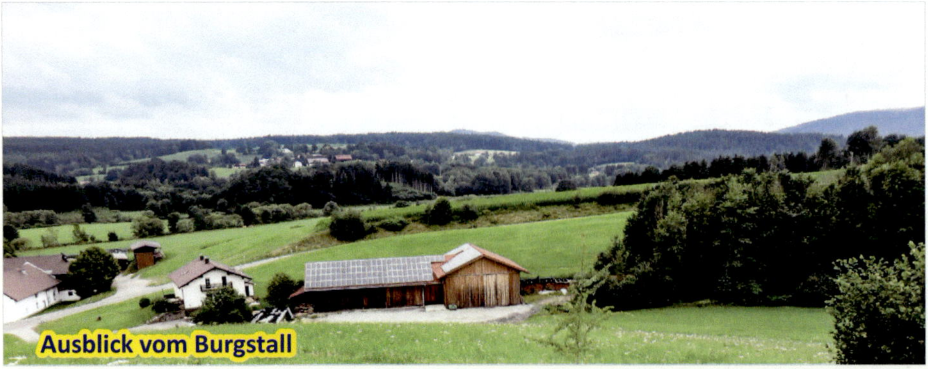

Ausblick vom Burgstall

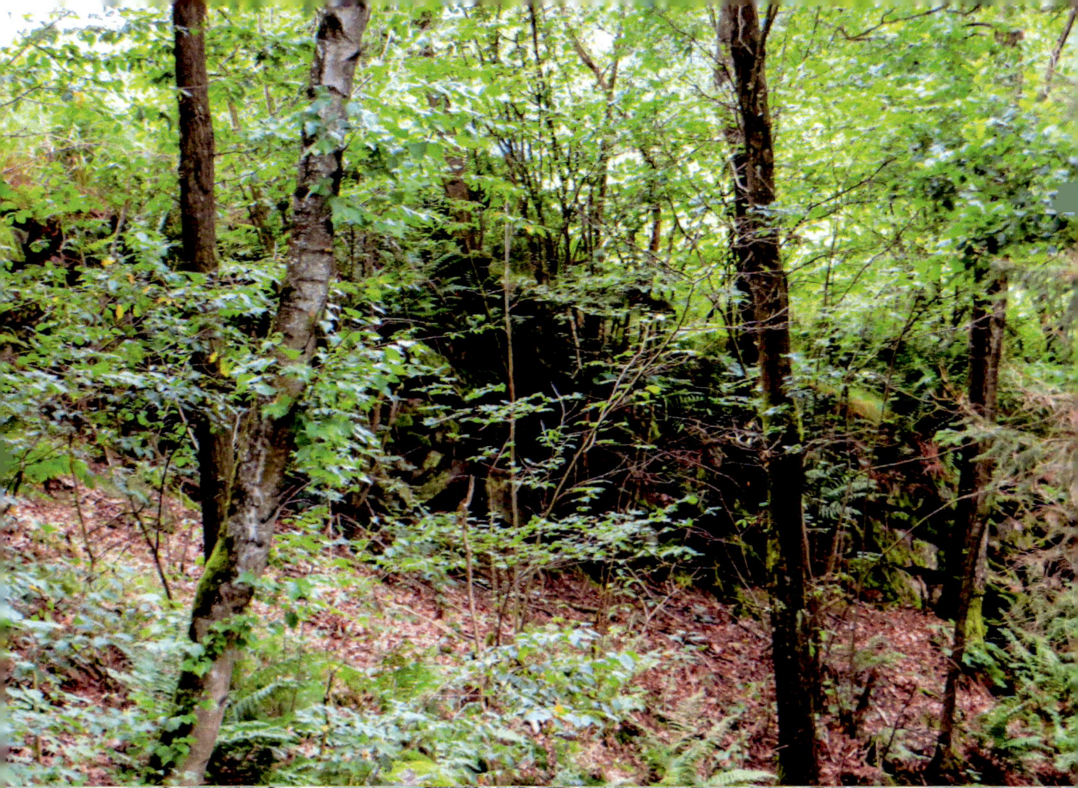

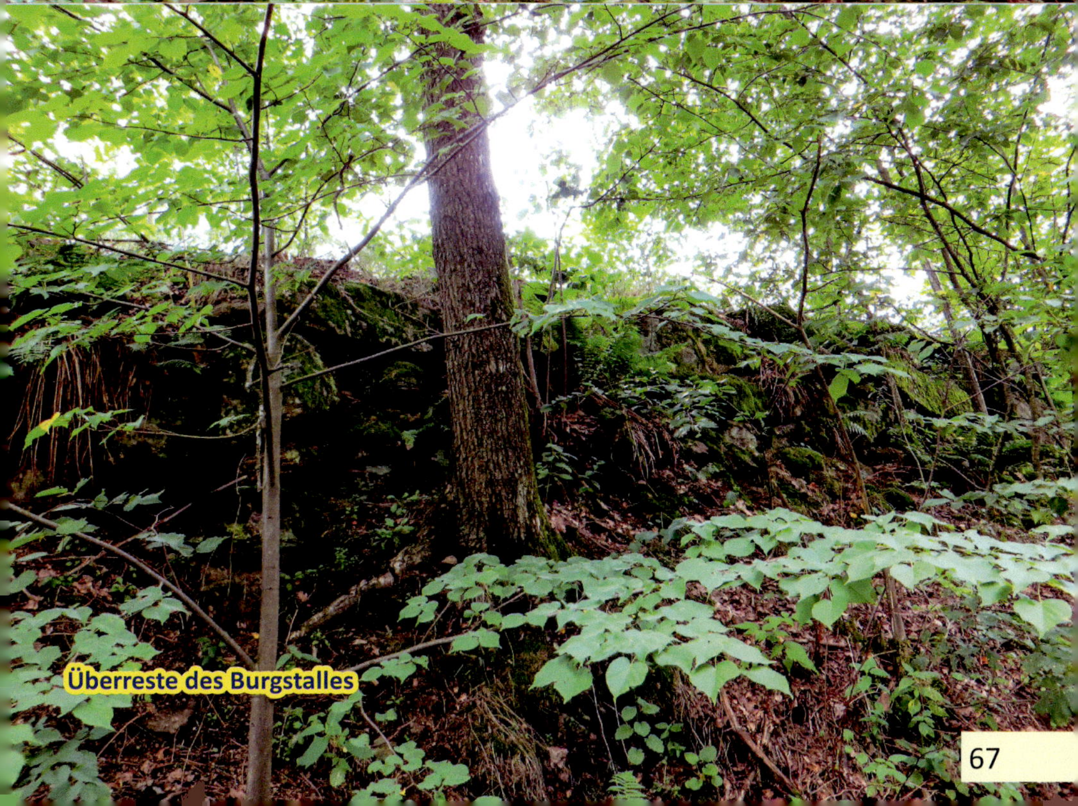

Überreste des Burgstalles

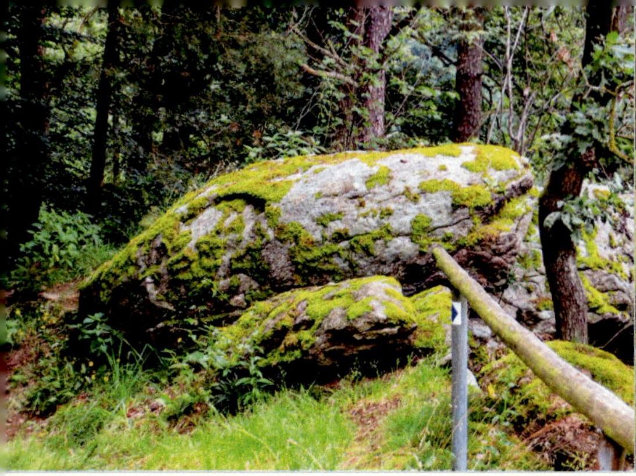

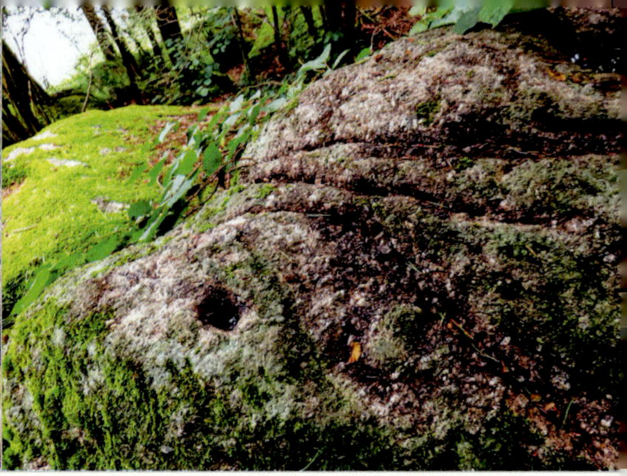

Hufabdruck neben dem Fluss Regen bei Viechtach

GPS: N 49° 05.617 • E012° 53.401

Wenn man den Flusswanderweg entlang geht, kommt man bei Rugenmühle an einem Stein vorbei, der seltsame Vertiefungen hat. Eine schaut aus, als wäre es der Hufabdruck eines Pferdes und die anderen sind wie Rinnen. Der Hufabdruck sieht aus, als wäre hier ein Pferd abgesprungen, um über den Fluss Regen zu springen. Es gibt viele solche eingemeißelte Hufabdrücke in Deutschland, jeder einzelne hat eine unterschiedliche Sage dazu, wie dass der Donnergott Donar von dieser Stelle über eine Schlucht oder einen Fluss gesprungen ist. Alle haben aber etwas damit zu tun, dass ein Hindernis zu überqueren ist.

So denke ich, dass dieses Zeichen von unseren Vorfahren verwendet wurde, um Reisenden zu zeigen, dass in der Nähe eine Furt ist, wo sie den Fluss überqueren konnten. In der Tat ist etwas weiter eine ehemalige Furt über den Regen, die schon zu Zeiten des Baierweges und wahrscheinlich noch viel früher genutzt wurde. Unterhalb dieses Steines sind weitere Steine mit tiefen kleinen Löchern, wobei ebenfalls keiner weis, woher diese stammen, dies wird wohl im Dunkel der Geschichte bleiben.

Ausgangspunkt: Rugenmühle bei Viechtach

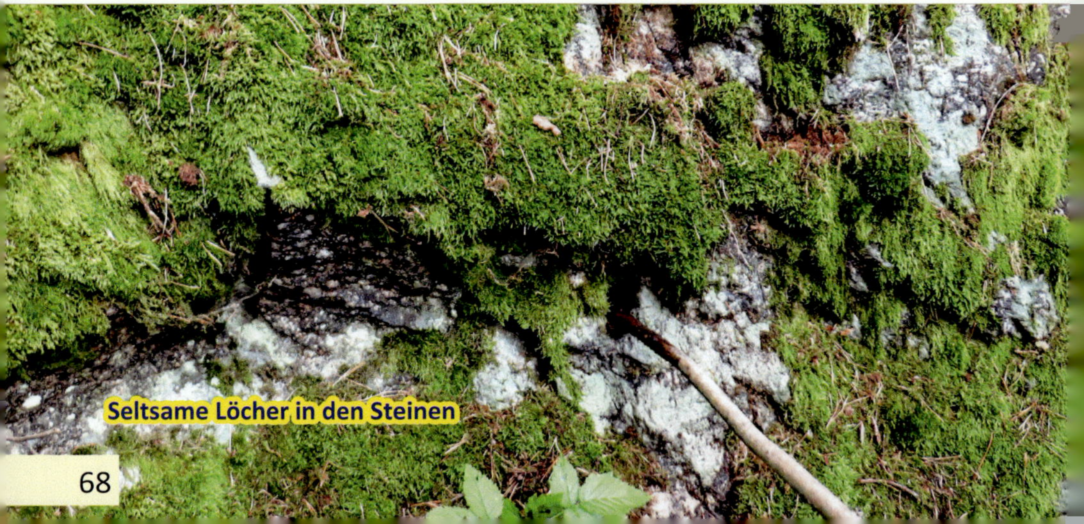

Seltsame Löcher in den Steinen

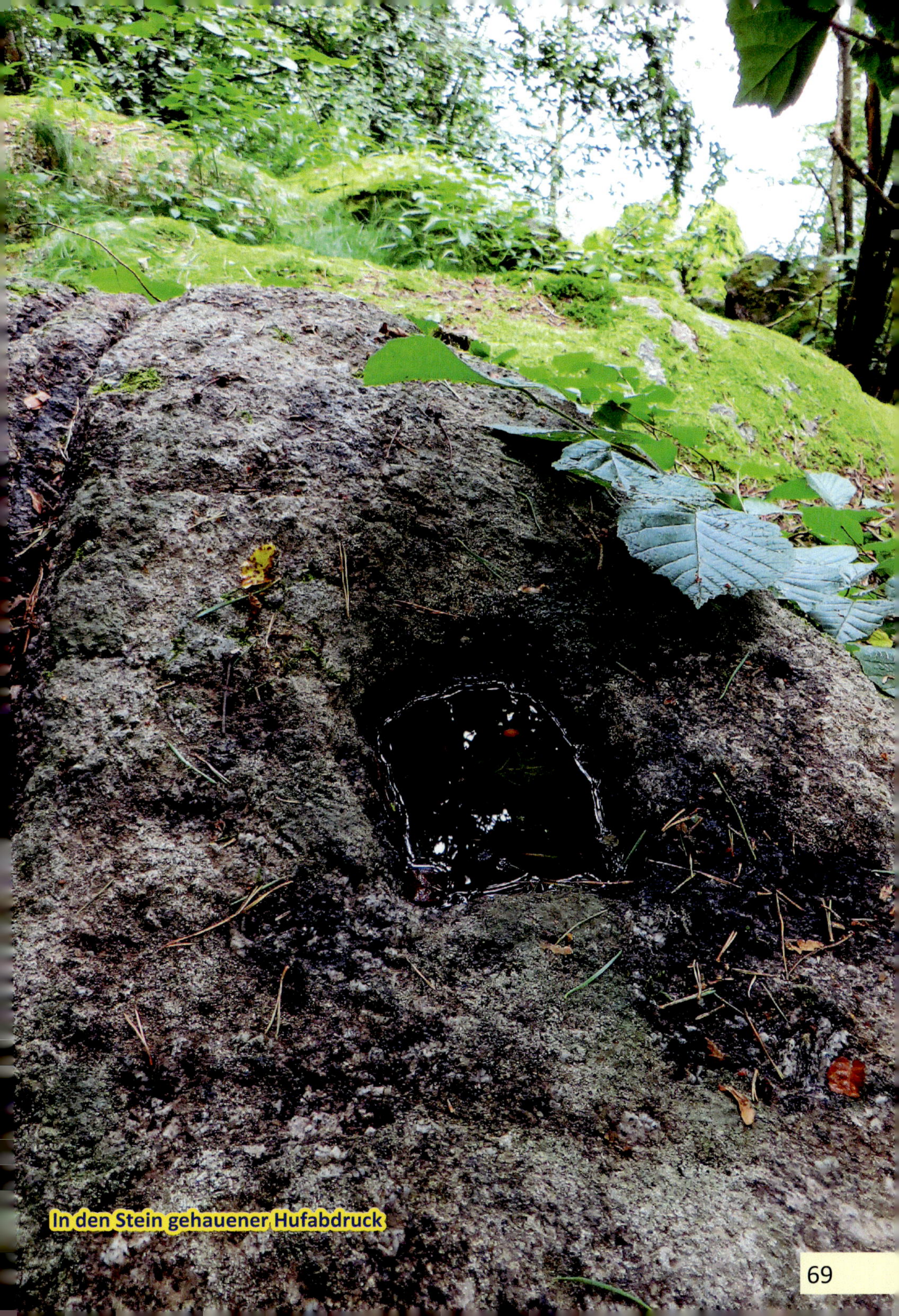

In den Stein gehauener Hufabdruck

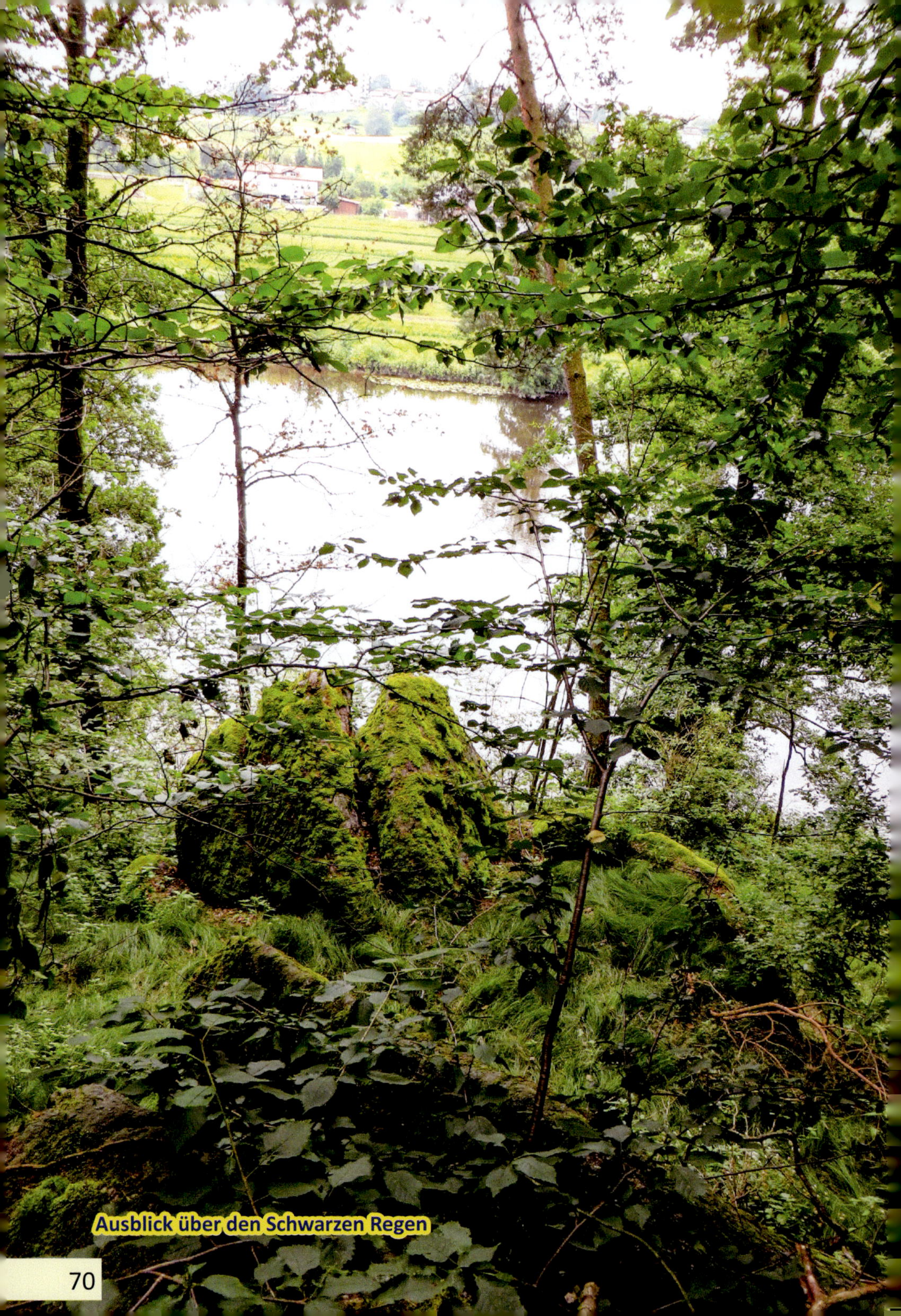

Ausblick über den Schwarzen Regen

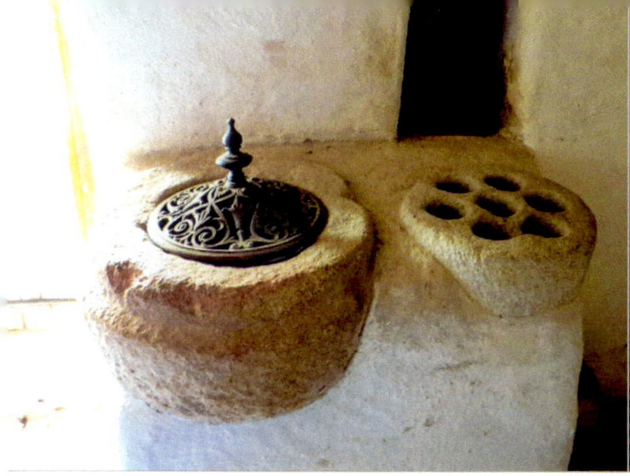

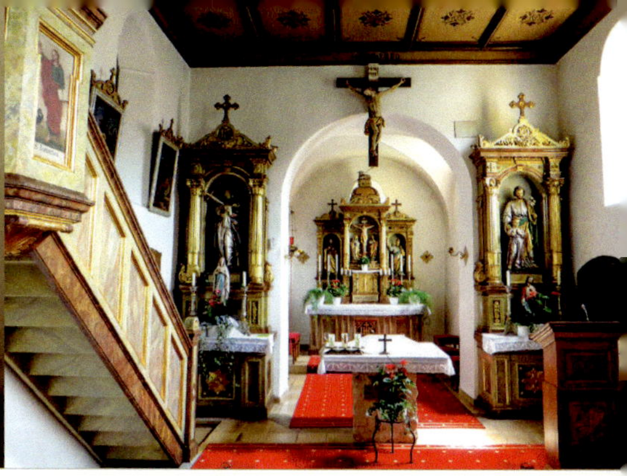

Lichterstein von Krailing

GPS: N 49° 07.057 • E 012° 50.253

In Krailing, neben der Kirche St. Peter und Paul, steht eine kleine Kapelle. In dieser befindet sich ein sogenannter Lichterstein. Dieser Stein hat sieben kreisrunde Vertiefungen, in welche früher an Allerseelen Öl geschüttet und angezündet wurde. Es sollte zum Gedenken für die armen verstorbenen Seelen sein. Dieser Brauch geht aber schon auf die Kelten und/oder Germanen zurück, die in dieser Nacht auch ihrer Verstorbenen gedachten. Diese hatten ebenfalls Lichtersteine, es waren sogenannte Monolithen. Dazu wurden kleine Grübchen in den Fels geschlagen, mit Öl oder Harz befüllt und angezündet.

Dieser Lichterstein muss aus einer Zeit stammen, in der die Bevölkerung schon christlich war, aber immer noch in den Köpfen der alte Glaube vorhanden war.

Ausgangspunkt: Krailing

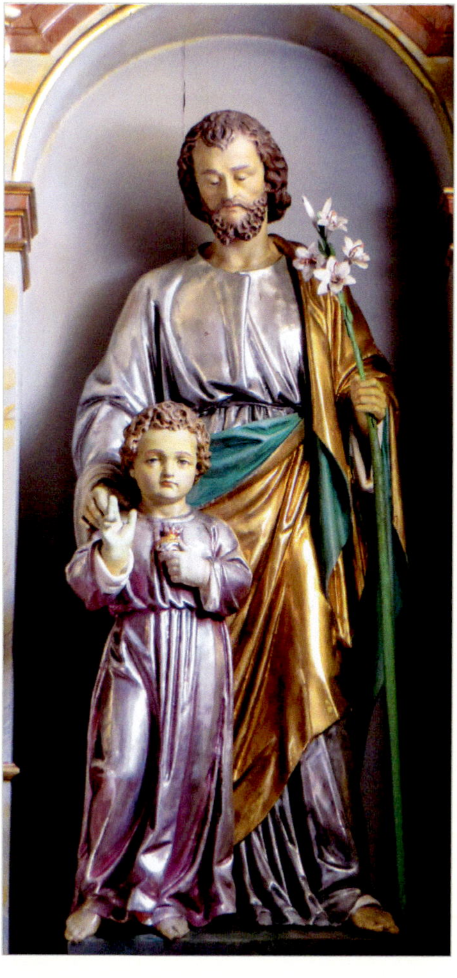

Wiedkapelle bei Teisnach

GPS: N 49°02.760 • E 013°00.532

Wenn man von Böbrach Richtung Teisnach fährt, steht links neben der Straße eine kleine Kapelle, die sogenannte Wiedkapelle. Eigentlich soll sie früher Wienkapelle geheißen haben; dieser Name stammt von einer alten Geschichte, die sich dort zugetragen haben soll.

Vor sehr vielen Jahren wollten die Bodenmaiser nach Wien wallfahren. Sie fuhren mit ihren Pferdegespannen nach Teisnach, um dort den Zug nach Wien zu nehmen. Als sie kurz vor Teisnach waren, sahen sie, dass ein toter Schimmel auf dem Weg lag und ihnen den Weg versperrte. Die Männer wollten den Schimmel beiseite ziehen, aber er war so schwer, dass sie ihn keinen Millimeter bewegen konnten. Voller Angst, dass sie den Zug verpassen würden und so die Wallfahrt nicht stattfinden könnte, begannen sie zu beten und siehe da, wie durch ein Wunder löste sich der Schimmel in Luft auf. So konnten sie mit Gottes Hilfe weiterfahren und kamen noch rechtzeitig am Bahnhof an. Als Dank dafür wurde die Wienkapelle erbaut und steht noch heute an dem Platz, wo einst der tote Schimmel lag.

Eine weitere alte Geschichte erzählt, wenn die Bauern der umliegenden Ortschaften ein krankes Pferd hatten, gingen sie damit zur Wiedkapelle. Sie

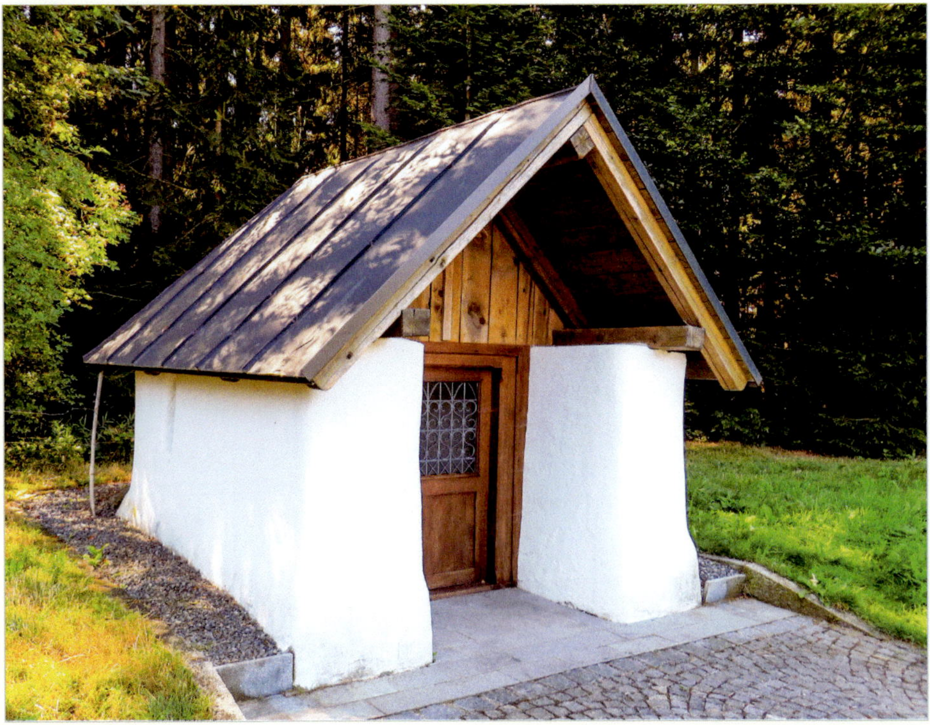

banden es über Nacht dort an und holten es erst am nächsten Tag wieder von dort ab. Das Pferd war am nächsten Morgen völlig durchgeschwitzt, hatte lauter Zöpfe in der Mähne und im Schweif, aber es war wieder kerngesund. Die Alten sagen, dass dort eine Drud umgeht, welche die kranken Pferde über Nacht heilt.

Wenn man diese beiden Geschichten hört, kann man zu dem Schluss kommen, dass an dieser Stelle ein Platz ist, der etwas mit Pferden zu tun hat. Die erste Sage erzählt uns von der Entstehung der Kirche. Spinnt man diese Sage weiter, kommt man darauf, dass dies ein heidnischer sakraler Pferdeopferplatz war. Als Symbol steht das tote Pferd, das den Christen beim Ausüben des Glaubens den Weg versperrt. Durch das viele Beten wird der alte Glaube aufgelöst und das Pferd verschwindet. Zum Überdecken des alten Glaubens wird dann auf diesem heidnischen sakralen Platz eine katholische Kapelle erbaut.

Die zweite Sage handelt wieder von Pferden, die von Menschen dort hingebracht werden, die etwas bezwecken wollen. Eine Drud soll dort umgehen. Ist in dieser Sage, vielleicht ist aber auch ein Truderer (bayerisch Zauberer) oder ein Druide gemeint, welcher dort ein Pferdeopfer vollzieht. Vielleicht ging es nie um die Gesundheit des Pferdes, sondern um die des Besitzers, der das Pferd für seine eigene Gesundheit opfert?

Ausgangspunkt: Böbrach

Die Weiße Frau bei der Wiedkapelle

Bei der vorgenannten Wiedkapelle soll in manchen Nächten eine Weiße Frau ihr Unwesen treiben. Von vielen

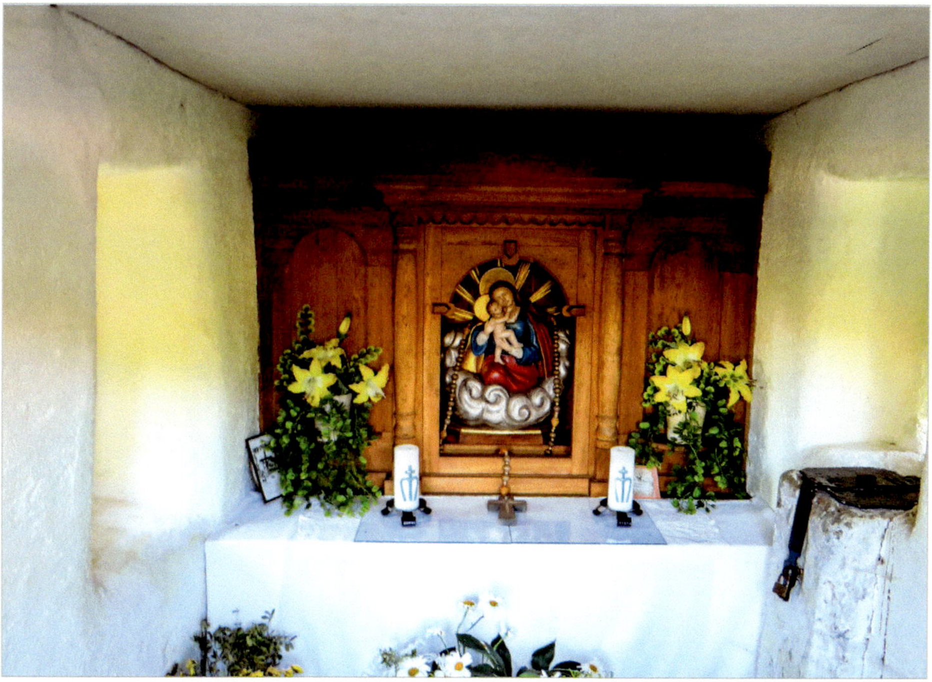

vorbeifahrenden Autofahrern wurde sie schon gesehen.

Laut alten Erzählungen wurde im Waldstück hinter der Wiedkapelle eine Frau vergewaltigt und ermordet. Ihre Überreste sind immer noch dort verscharrt. Der Mörder soll immer noch ungestraft frei herumlaufen. So ist es das Schicksal dieses ruhelosen Geistes, so lange als Weiße Frau dort herumzugeistern, bis ihr unwürdiges Grab entdeckt wird und ihre Überreste in geweihter Erde begraben sind. Solange dies nicht geschehen ist, sucht sie in bestimmten Nächten weiter nach dem schändlichen Mörder und versucht vorbeifahrende Autofahrer auf sich aufmerksam zu machen.

Geheime Schriften

Als vor einigen Jahren die Wiedkapelle renoviert worden ist, fand man im Dachstuhl verborgene Schriften. Die Männer konnten diese nicht lesen, da sie in einer ihnen unbekannten Sprache geschrieben waren. Der Priester wurde geholt, um sich diese Schriften anzusehen; dieser konnte sie lesen und nahm sie schnell mit. Als die Männer ihn einige Tage später darauf anredeten, was das für Schriften waren, gab er ihnen keine Antwort und wollte über dieses Thema nicht mehr sprechen.

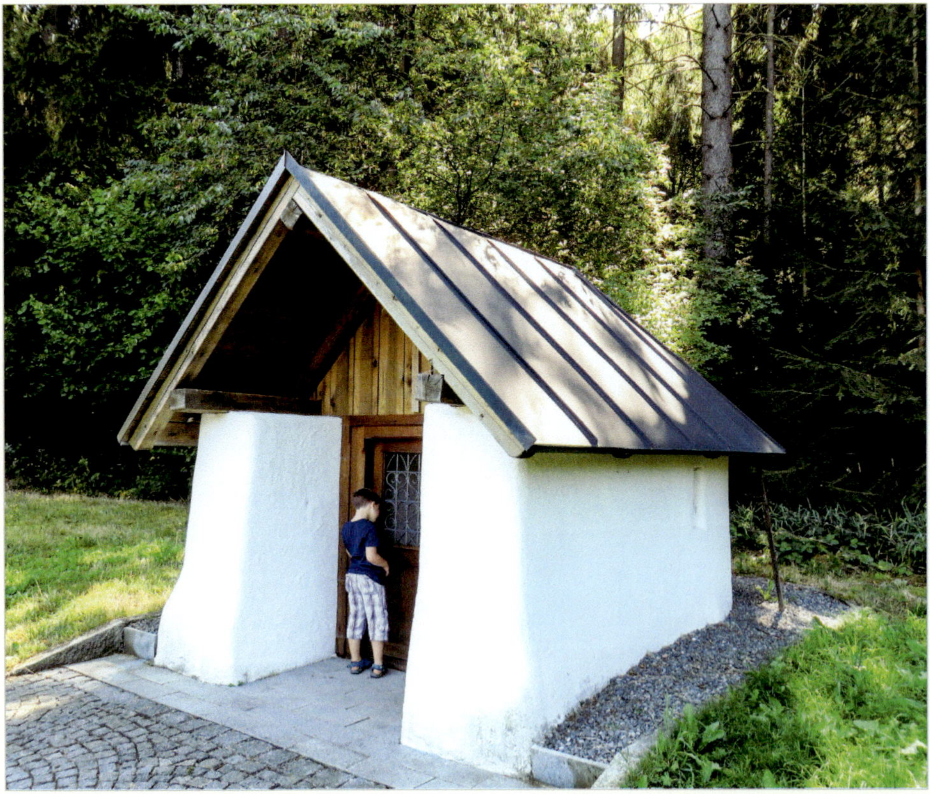

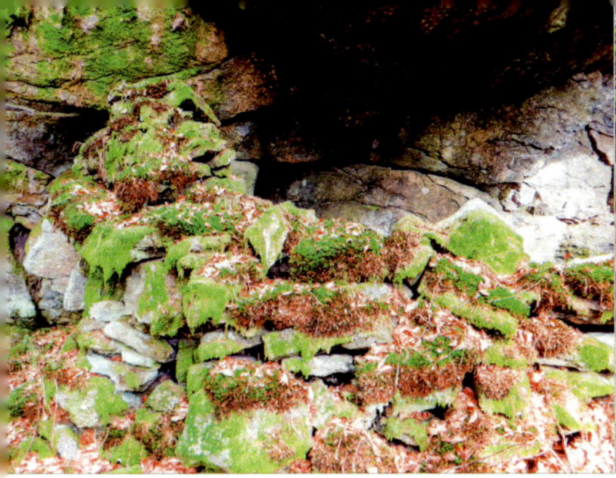
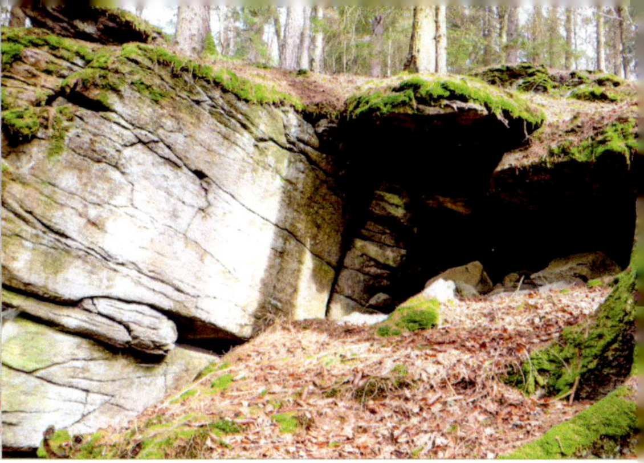

Kriahüttn (Kriegshütte) bei Wurz

GPS: N 49° 04.408 • E 012° 58.382

Im Wald unterhalb des kleinen Dörfchens Wurz in der Gemeinde Viechtach ist ein großer Felsen mit einem Überhang zu finden. Unter diesem Überhang wurde im Dreißigjährigen Krieg von den Einwohnern der umliegenden Ortschaften ein Versteck errichtet. Dorthin konnten sie fliehen, wenn feindliche Truppen anrückten, um sich und ihr wichtigstes Hab und Gut zu verstecken. Der Felsen bietet ein natürliches Dach und um dieses Dach herum wurden mit Feldsteinen Mauern gebaut, um sich vor dem Wind und unerwünschten Blicken zu schützen. Dieser Unterschlupf war mit den Feldsteinmauern, die vom dahinterliegenden Felsen fast nicht zu unterscheiden waren, ein perfektes Versteck. Ein Feuer wurde sicherlich erst in der Nacht angezündet, da hier der Rauch nicht gesehen werden konnte. So waren wenigstens Leib und Leben vor den mörderisch marodierenden Banden, die sich in dieser Zeit herumtrieben, sicher. Haus und Hof konnten wiederaufgebaut werden, sollten diese zerstört worden sein.

Heutzutage sieht man nur noch eine vordere Mauer. Die seitliche Mauer ist nur noch sehr niedrig erhalten, die restlichen Mauern sind umgefallen oder wurden umgeworfen. Dennoch kann man sich an diesem Ort immer noch in die Situation versetzen, wie es sein musste, das Heimatdorf zu verlassen und sich einige Tage, vielleicht auch Wochen, hier zu verstecken.

Wie schön ist unser Leben heutzutage, weil wir nicht mehr täglich um unser Leben fürchten müssen.

Ausgangspunkt: Schwi(e)bleinsberg

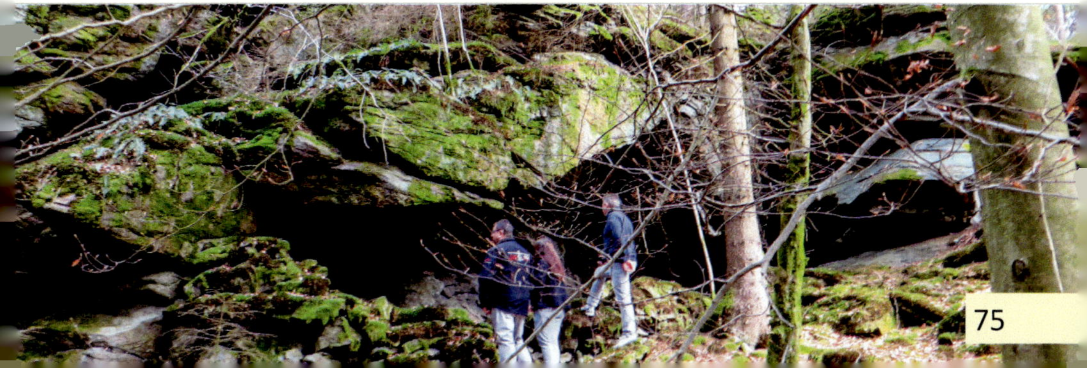

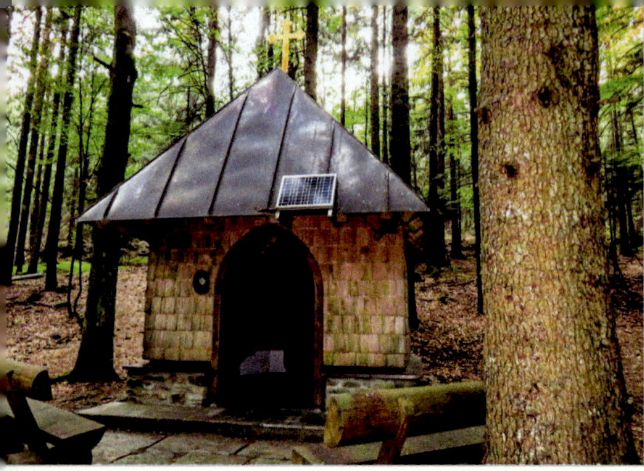 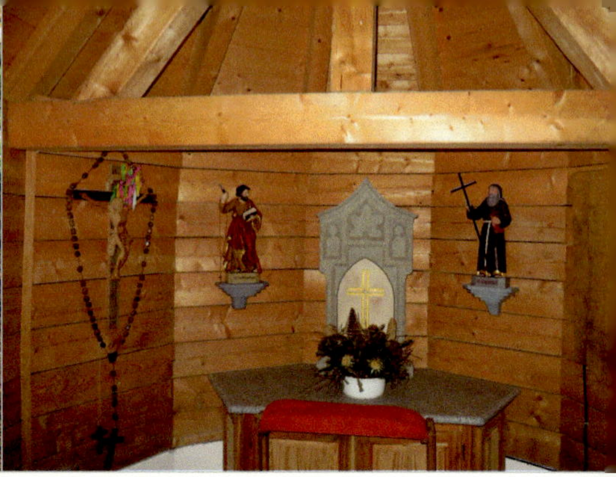

Der Schatz von Niederalteich

GPS: N 48° 55.166 • E 13°02.567

Wenn man von Bischofsmais auf die Oberbreitenau geht, kommt man an einer kleinen Kapelle im Wald vorbei. Dieser Ort wird von den Einheimischen Zellwiese genannt und wird auch auf den Wanderkarten so beschrieben. Ein gewisser Degenhard, der Sohn eines Ritters war, flüchtete in den wilden Nordwald und errichtete sich hier eine Klause. Dort lebte er als Einsiedler bis zu seinem Tod. Die Kapelle, die später an diesem Ort errichtet wurde, wird deshalb auch Degenhard-Kapelle genannt. Später wurde dieser Einsiedler heiliggesprochen.

Im Dreißigjährigen Krieg, als die schwedischen Truppen in Bayern einmarschierten und drauf und dran waren, in die Nähe des Klosters Niederalteich zu gelangen, hatten die Mönche Angst, all ihre Reichtümer zu verlieren. So fassten sie den Plan, den Klosterschatz im damaligen wilden und wenig besiedelten Nordwald zu verstecken. Große Ländereien im Nordwald gehörten zu dem Kloster und daher waren die Mönche auch ortskundig. Sie waren der festen Meinung, dass die Schweden diese abgelegene Gegend meiden würden und so ihr Schatz sicher sei. Laut einer alten Geschichte wurde der Schatz in einer befestigten klösterlichen Einrichtung aufbewahrt, welche dort auf der Zellwiese gestanden haben sollte. Die Schweden bekamen Informationen über dieses Versteck und wollten sich den Schatz holen. Die Mönche verteidigten diese befestigte Anlage so gut es ging, konnten aber nicht lange standhalten.

Die Schweden nahmen schließlich die Anlage ein, aber vom Schatz war keine Spur mehr zu finden. Die Mönche welche das Gefecht überlebt haben, wurden gefoltert und befragt, aber keiner verriet, wo sich der Schatz befindet. Vor lauter Zorn wurden die gefangenen Mönche getötet und der Schatz ist bis heute verschwunden.

Wer die felsige Gegend um die Oberbreitenau kennt, weiß, dass es dort Tausende Verstecke gibt, wo dieser Schatz verborgen sein könnte, es wäre reine Glückssache, diesen jemals zu finden.

Ob diese alte Geschichte wirklich stimmt, wird man nie mehr erfahren; erwiesen ist aber, dass die Schweden diese alte Klause angriffen und zerstörten.

Ausgangspunkt: Bischofsmais

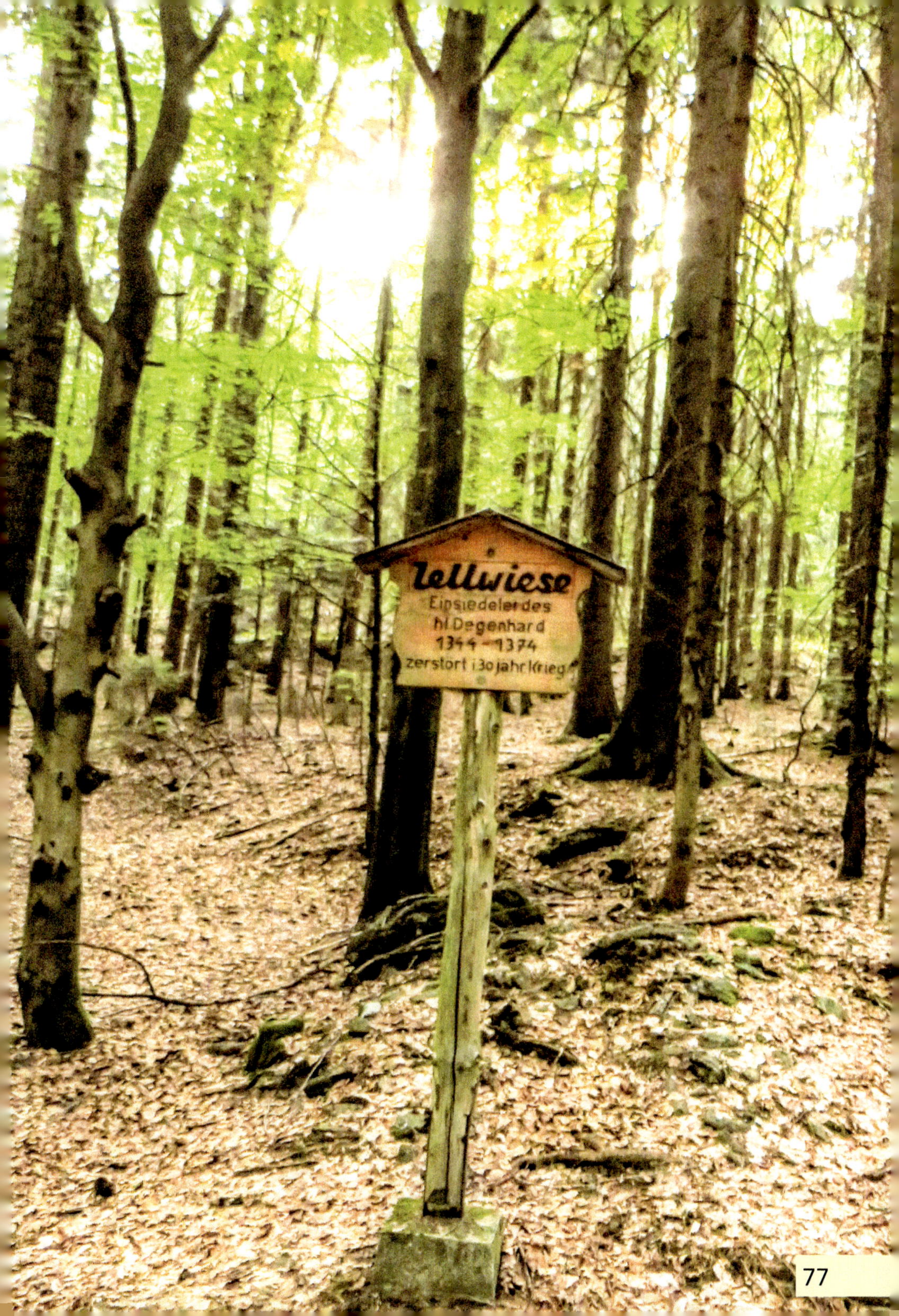

Zellwiese
Einsiedelei des
hl. Degenhard
1344 – 1374
zerstört i. 30 jahr. Krieg

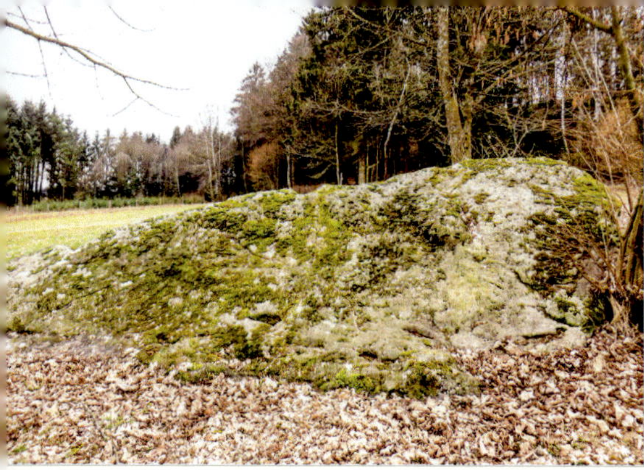

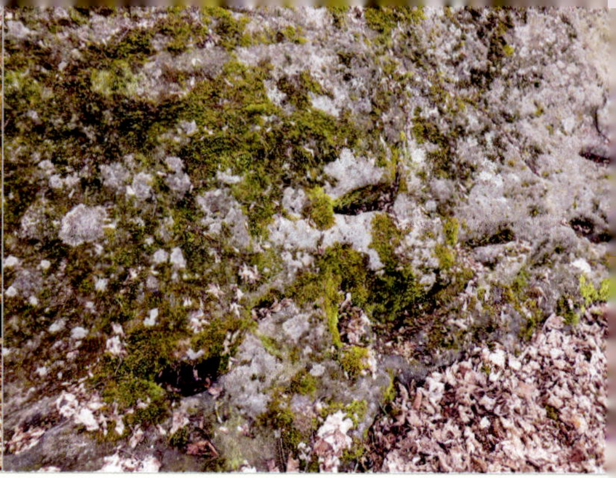

Obelisk bei Trametsried?

GPS: N 48° 54.484 • E 013° 14.430

Zwischen Trametsried und Bruck liegt ein großer, flacher Stein, in dem ein Abdruck zu sehen ist. Dieser Abdruck sieht aus wie der Fußabdruck eines Menschen. Die Siedler der umliegenden Dörfer konnten sich dies nicht erklären, deshalb fand man folgende Erklärung:

Der Herrgott musste einst hier vorbeigegangen sein und um den Anwohnern zu zeigen, dass er auch in ihrer Gegend war, hinterließ er seinen Fußabdruck im harten Granitstein.

Einige Menschen sind der Meinung, dass dieser Stein einmal aufgerichtet gewesen sein muss, eine Art Obelisk, wie sie uns aus Stonehenge bekannt sind. Er soll zur Berechnung der Jahreszeiten (Aussaat, Ernte, Winter- oder Sommersonnenwende....) gedient haben. Diese Vertiefungen sollen künstlich gemacht worden sein und zu bestimmten Zeiten jede eine Bedeutung gehabt haben. Im Verlauf der Zeit fiel dieser Stein dann um oder wurde sogar absichtlich umgeworfen, um den heidnischen Glauben zu vertreiben.

Sollte dieser Stein nicht aufgestellt gewesen sein, könnte es sich hier um einen sogenannten Lichterstein handeln. Hier wurden zu Samhain, der Nacht auf den 1. November, Lichter angezündet und der Toten gedacht. Es wurden zum Beispiel brennbare Öle oder Harze in die Vertiefungen gegeben und angezündet.

Eine weitere Sage über diesen Stein lautet folgendermaßen:

Jesus wurde ständig vom Teufel verfolgt, weil dieser versuchte, ihn auf die böse Seite zu ziehen. Dort im Stoabergl auf diesem Stein stand Jesus und hat einmal kräftig mit der Goaßl geschnalzn (darum der Striemen im Stein) und ab da hatte er den Teufel verjagt.

Darum sind die Fußabdrücke und die Striemen von der Goaßl im Stein heute noch zu sehen.

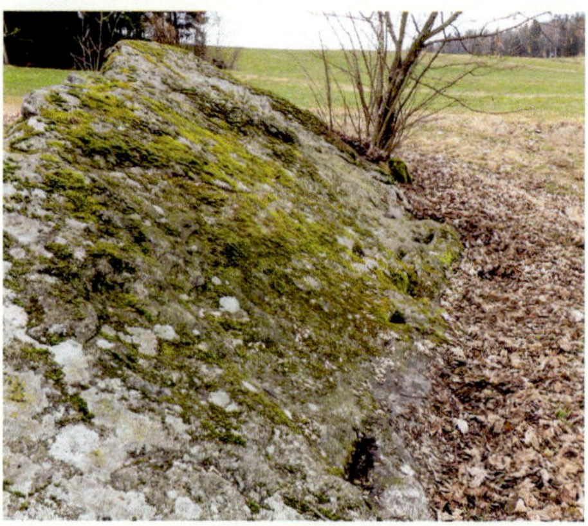

Meet-Hütte bei Trametsried

GPS-Daten: N 48° 54.485 • E 013° 14.356

Bei Trametsried in einem Waldstück befindet sich ein großer Felsen, der auf einer Seite einen Überhang hat. Dieser Überhang bietet ein natürliches Dach, welches einen vor dem Regen schützt.

Dieser natürliche Unterstand wird von den umliegenden Dörfer Meet-Hütte genannt. Auffällig ist, dass in dieser Hütte am Felsen Brandspuren zu sehen sind, wie wenn dort des Öfteren Feuer gemacht worden wäre.

In der unmittelbaren Nähe ist ein mystischer Stein, „da Stoa", wie er genannt wird. Dieser soll von den Kelten schon als sakraler Ort genutzt worden sein.

Es würde sich bei solchen Festlichkeiten anbieten, diese in die Nähe dieses Überhangs zu legen. Das Feuer wäre vor Wind und Wetter geschützt.

Es wäre also möglich, dass diese Stelle schon von unseren Vorfahren als Festplatz genutzt wurde.

Der Name Meet-Hütte könnte sich dann von dem Honigwein ableiten, der von unseren Vorfahren bei solchen Feierlichkeiten getrunken wurde.

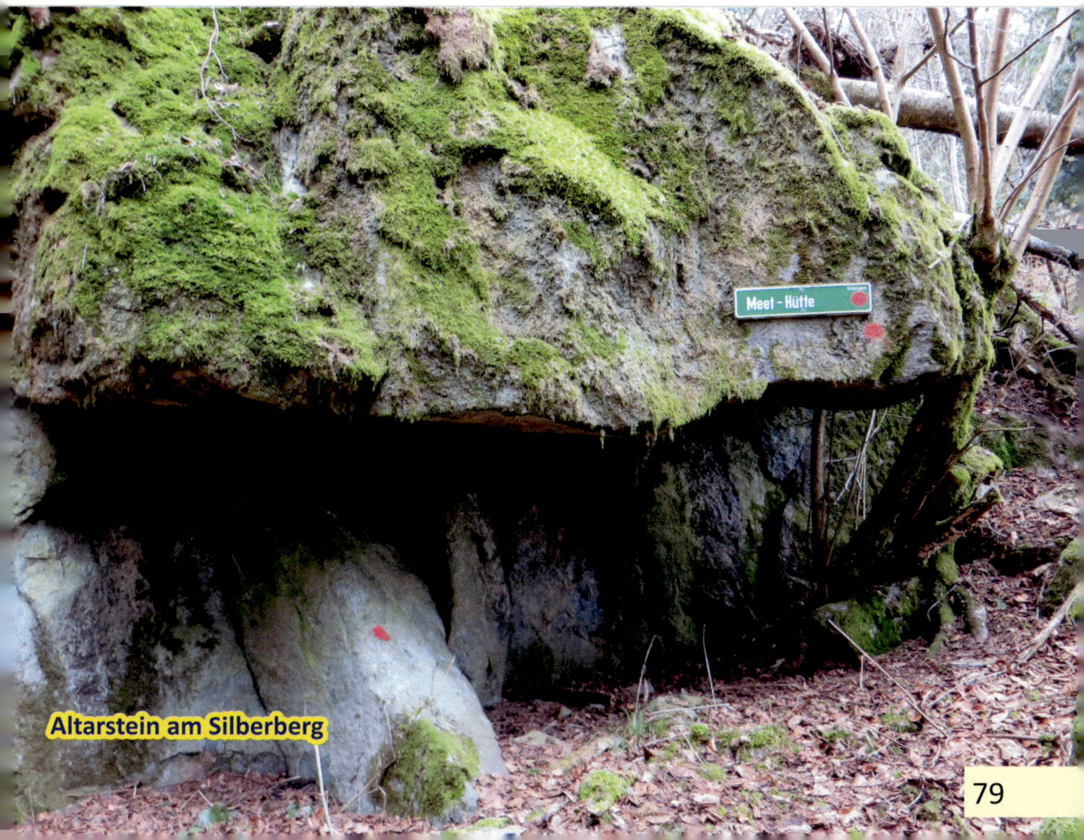

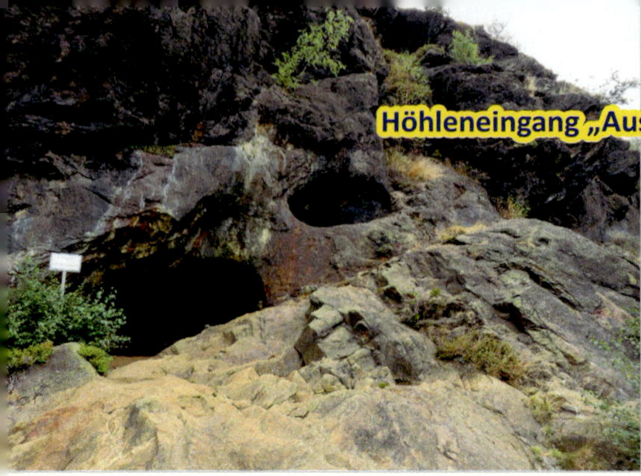

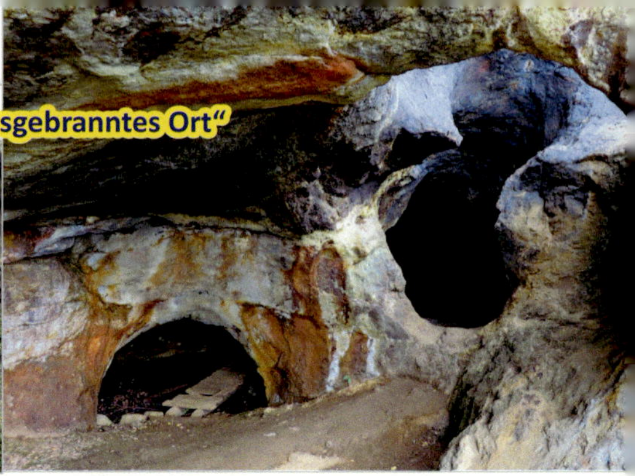

Höhleneingang „Ausgebranntes Ort“

Rund um den Silberberg

bei Bodenmais

Allgemeines:

Rund um den Silberberg kann man viele Abräumhalden von alten Schächten erkennen. Wer ein gutes Auge hat, kann in diesen Halden noch kleine Schätze finden, die vielleicht keinen hohen materiellen Wert haben, aber ein schönes Andenken an diese Wanderung ergeben. Kinder kann man mit solchen Steinen sehr gut faszinieren.

1. Ausgebranntes Ort

GPS: N 49°03.505 • E013°07.315

Das „ausgebrannte Ort“ ist ein frei begehbares Bergwerk, das etwa 30 Meter ins Berginnere reicht. Die Höhle kann mit einer Taschenlampe erkundet werden. Dort kann man die unterschiedlichen Farben des erzhaltigen Gesteins in der Höhle bewundert werden, die durch jahrhundertelange Oxidation entstanden sind. Dieses Bergwerk stammt aus einer Zeit, wo Sprengstoff und Presslufthammer unter den Bergleuten noch unbekannt waren. Das Gestein wurde erhitzt und dann mit Wasser abgeschreckt, so wurde es porös und konnte ausgeschlagen werden. Man kann sich heute nicht mehr vorstellen, wie lange es dauerte, diese Höhle zu graben.

2. Ehemaliger Stolleneingang Wolfgangsstollen

GPS: N49°03.390 • E013°07.493

Der Wolfgangsstollen ist ein stillgelegter Stollen, der mit einer schweren Holztür abgesperrt ist. Vor dem Stollen ist ein Schild angebracht, welches uns

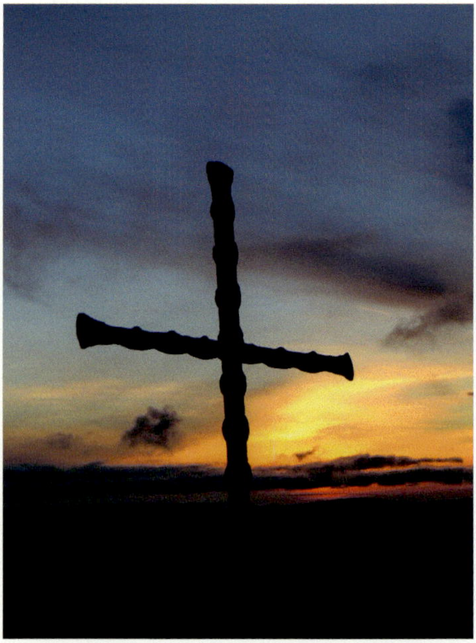

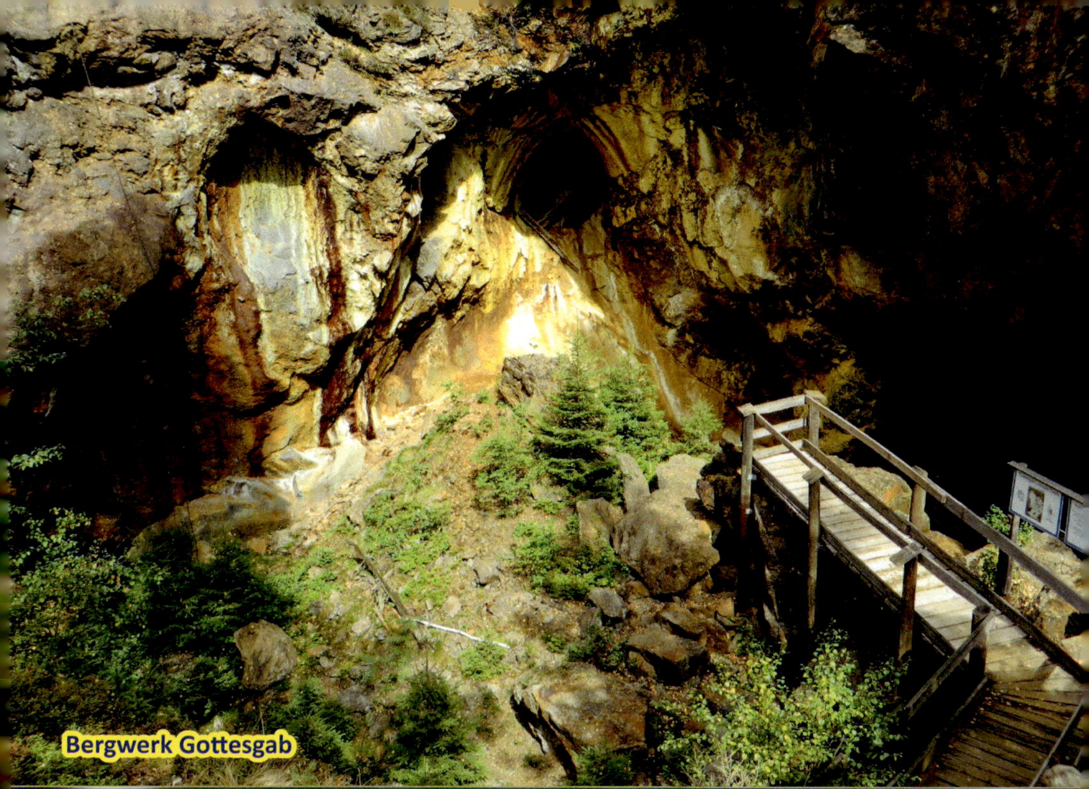
Bergwerk Gottesgab

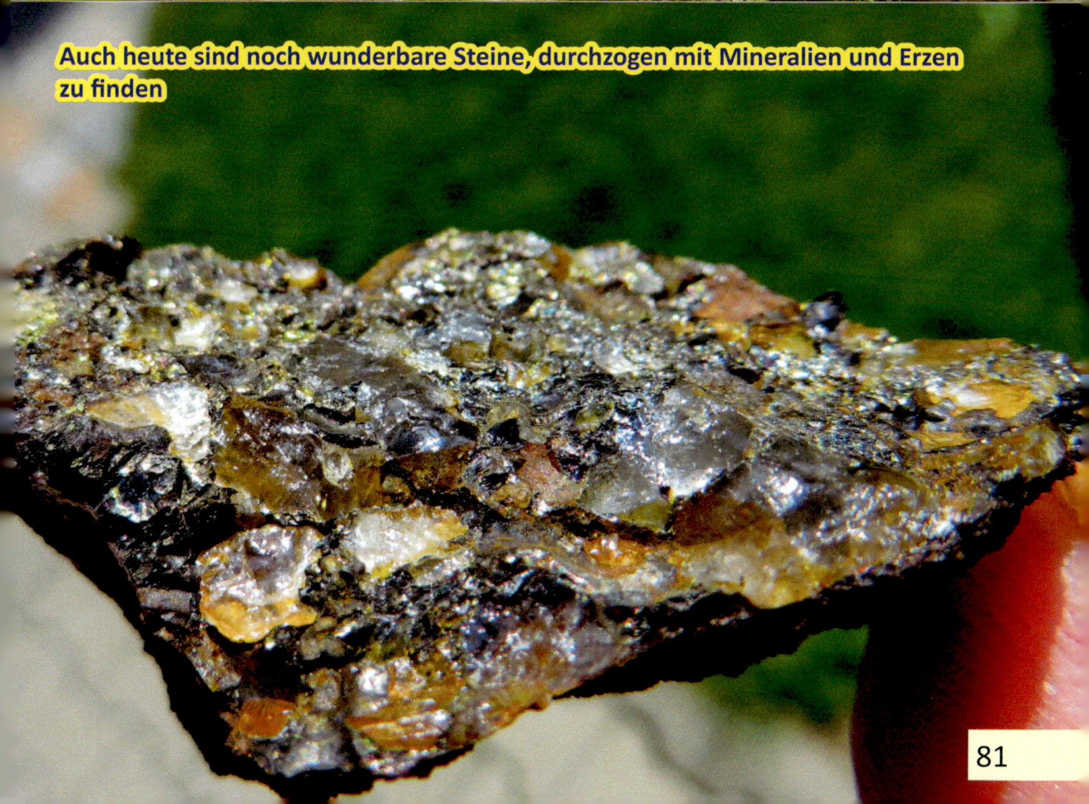
Auch heute sind noch wunderbare Steine, durchzogen mit Mineralien und Erzen zu finden

darauf hinweist, wie lang dieser Stollen einst war. Es gab früher viele solcher Stolleneingänge rund um den Silberberg, einige sind noch sichtbar, andere wurden gesprengt und zugeschüttet. Der komplette Berg ist mit kilometerlangen Gängen durchzogen.

3. Gottesgab

GPS : N49°03.404 • E013°07.596

Zuerst wurde das Erz oberirdisch abgebaut und dann in den Tiefen des Berginneren gegraben. Durch einen Steg gelangt man mitten in und über die Grabungsstellen. Hier kann man sich einen Eindruck davon machen, wie dieser Berg schon vor Hunderten von Jahren untergraben und ausgehöhlt wurde. Überall in diesem Abschnitt kann man Löcher in der Erde oder in den Felswänden entdecken, die Stollen oder Kammern dahinter vermuten lassen. Auch hier findet man wieder diese schönen Farben des Gesteins, die auf alle Fälle ein Erinnerungsfoto wert sind.

Startpunkt: Silberbergparkplatz bei Bodenmais

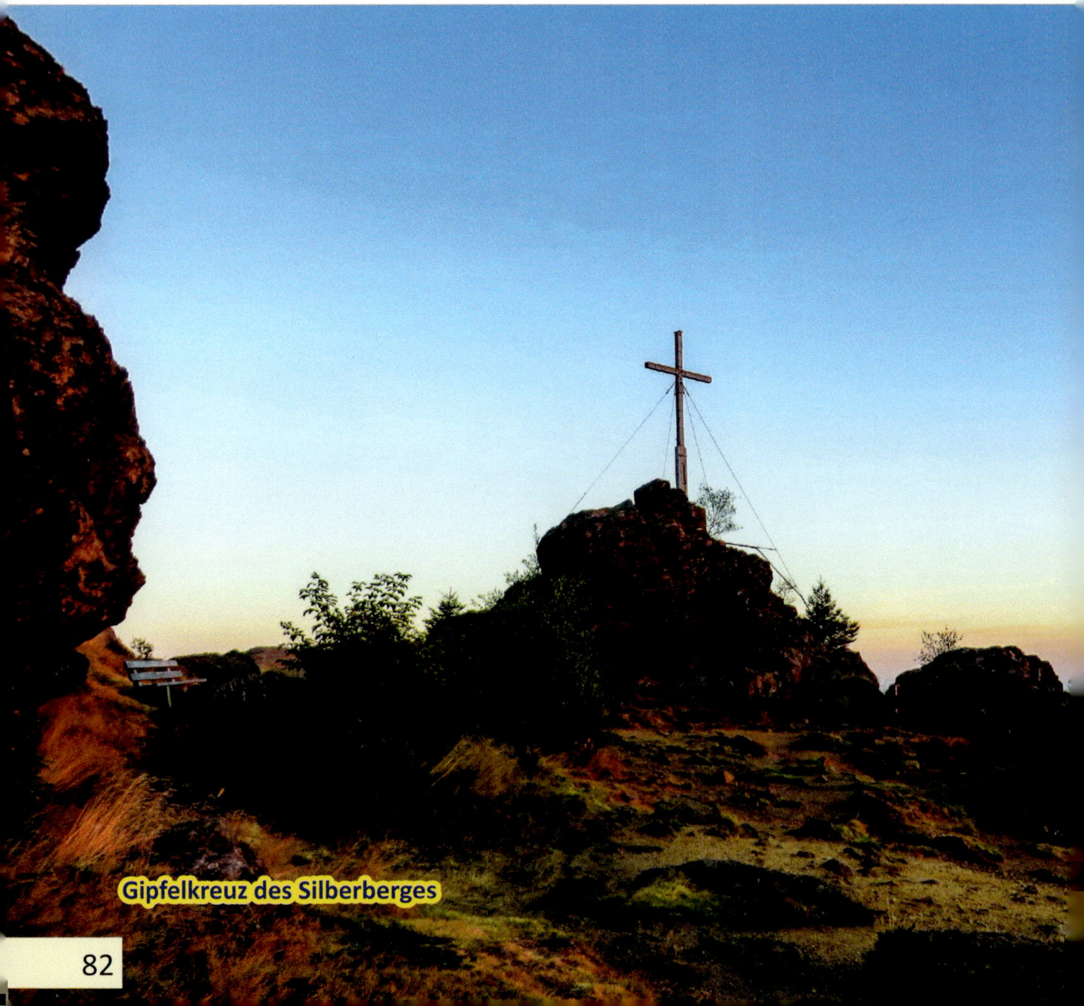

Gipfelkreuz des Silberberges

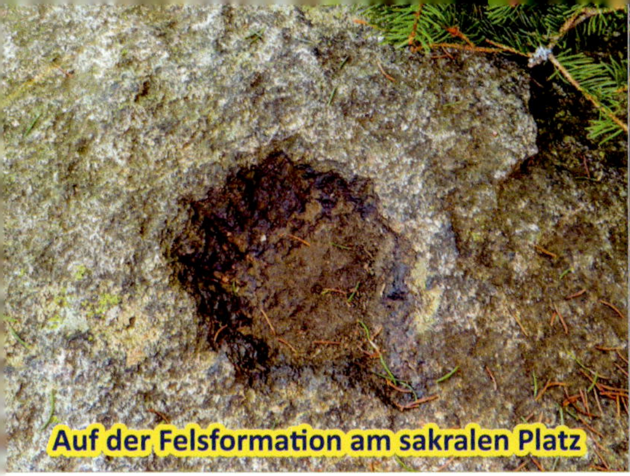

Auf der Felsformation am sakralen Platz

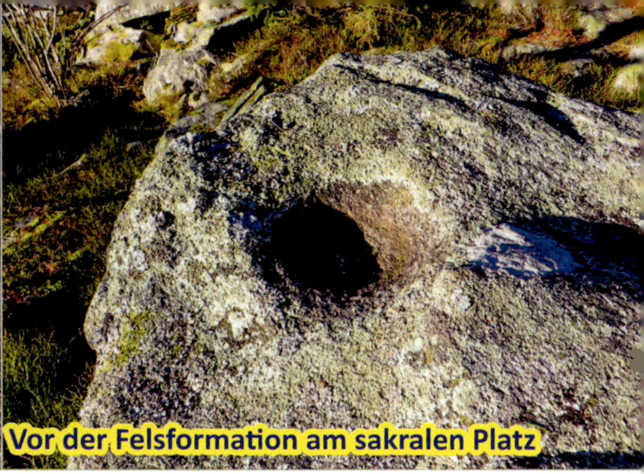

Vor der Felsformation am sakralen Platz

Teufelstisch bei Bischofsmais

Ausgangspunkt Hotel Morada in Bischofsmais, wir folgen dem Rundweg 3 zum Teufelstisch und nehmen den schwierigen Aufstieg.

1. Aussichtspunkt Schöne Aussicht

GPS: N48°55.938 • E013°03.906

Dieser Platz auf dem Bergkamm lädt uns zum Verweilen und Brotzeitmachen ein. Von dieser Stelle aus kann man den hinteren und unteren Mittleren Bayerischen Wald überblicken, vom Arber bis weit über den Lusen hinaus. An diesem Platz kann man die Seele stärken und die Schönheit des Bayerischen erfahren.

2. Teufelstisch

Folgen wir dem Rundweg weiter, gelangen wir nach kurzer Zeit zu einer seltsamen Felsformation, die durch Wollsackverwitterung entstanden ist, dem Teufelstisch.

3. Sakraler Platz

Hier befindet hier eine weitere Spektakuläre Steinformation, um welchen alle Opferschalen verteilt sind. Dieser Teil des Berges war für unsere Vorfahren wahrscheinlich ein heiliger, sakraler Platz.

3. Vorchristliche Opferschale

GPS: N048°56.172 • E013°03.754

Eine Opferschale ist eine künstlich angelegte Vertiefung in einem Stein, wo die Kelten ihren Göttern ihre Opfergaben darbrachten. Die Schale ist sehr schön, fast gleichmäßig rund geschliffen, so wie man sie nur selten findet, sie hat einen Durchmesser von 18 auf 19 Zentimeter und ist 5 Zentimeter tief. Die Kelten waren von etwa 800 – 150 vor Christus im bayerisch-böhmischen Raum angesiedelt. Erst um Christi Geburt wanderten die Germanen in unser Gebiet ein und vertrieben die Kelten nach Westen. Die keltischen Kerngebiete der damaligen Zeit waren von Augsburg bis nach Böhmen, wo der Bayerische Wald in der Mitte lag. Eine große keltische Besiedlung des Bayerischen Waldes war aber unwahrscheinlich.

Der Bayerische Wald war laut Keltenforschern ein sakraler Ort für die Kelten, mit vielen heiligen Plätzen, die von der Donauebene aus mit Wallfahrten besucht wurden. Auch Wege mussten damals schon durch den Bayerischen Wald gehen, da im böhmischen Siedlungsraum keine Salzvorkommen waren und die

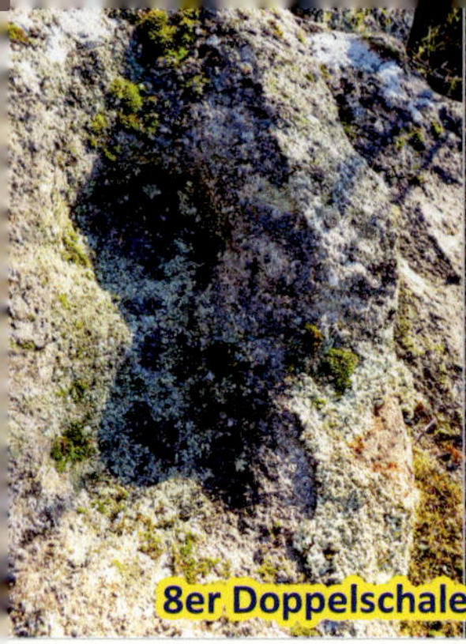

8er Doppelschale

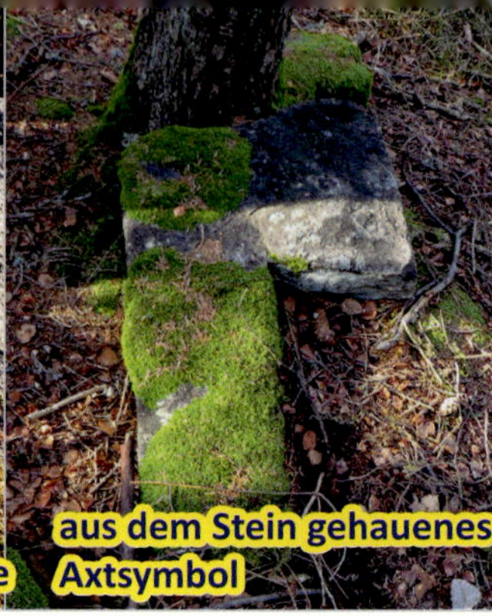

aus dem Stein gehauenes Axtsymbol

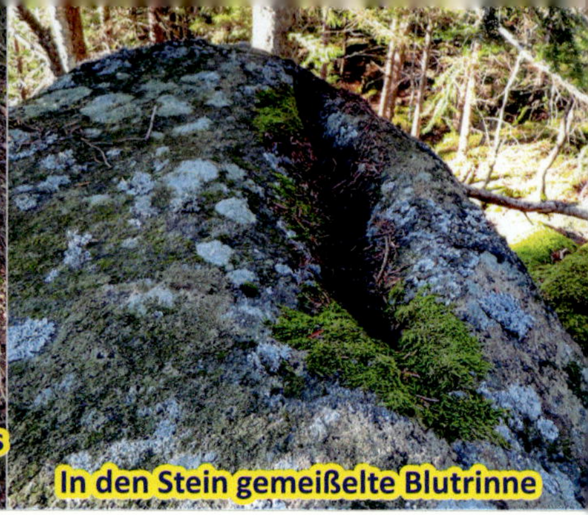

In den Stein gemeißelte Blutrinne

Menschen mit Salz aus dem bayerischen Raum versorgt werden mussten, so ist es denkbar, dass der sogenannte Böhmweg viel älter als 1000 Jahre ist. Es muss dann auch befestigte Burgställe gegeben haben, wo die Händler geschützt übernachten und sich verpflegen konnten. Bis jetzt waren im Landkreis Regen nur Keltenschalen im Viechtacher Raum entdeckt worden. Der Mittlere Bayerische Wald ist bis jetzt in dieser Hinsicht noch unerforscht. In Viechtach sind sogenannte Keltenschalen vorhanden, deren Entstehung auf 3000 vor Christus datiert wird (Keltenstein in Igleinsberg). Sogenannt deshalb, weil die Kelten erst frühestens 800 vor Christus in unseren Raum kamen. Wer erbaute dann diese Opferschalen, die dann von den Kelten und später von den Germanen übernommen wurden?

Der Arber galt als heiliger Berg der Kelten, wo ihre oberste Göttin ihren Sitz hatte. Von der Keltenschale am Teufelstisch hat man freien Blick auf den Arber. Hinter der Schale ist ein tiefer Abgrund, die Bäume, die darunter wachsen, erreichen nicht die Größe, um die Aussicht zu verdecken, so hatte man damals schon den gleichen Aussichtspunkt wie heute. Ob dies ein Zufall ist oder die Opferschale bewusst deswegen dort angelegt wurde, wird man nie mit Sicherheit sagen können. Die Steinformationen auf dem Teufelstisch haben die Menschen sicher damals genau so beeindruckt, wie sie uns heute noch beeindrucken. Vielleicht war auch dies ein Grund, um diese Opferschale an einen solch besonderen Ort zu errichten.

Der Name des Berges, Teufelstisch, leitet sich von einer alten Sage ab. Einmal wollte der Teufel auf diesem Berg zu Mittag essen, er schichtete sich Steine aufeinander, um sich einen Tisch zu machen. Genau in diesem Augenblick läutete der Mönch Hermann das erste Mal die Glocke seiner errichteten Zelle. Aus lauter Wut und das Glockengeläute nicht aushaltend, fuhr der Teufel scheltend zurück in die Hölle. Die Überreste des Tisches kann man heute noch sehen, deswegen der Berg Teufelstisch genannt wurde. Gibt man aber den Namen Teufelstisch ins Internet ein, erscheinen viele Orte, die den gleichen Namen tragen und alle haben etwas gemeinsam, sie sind übersät mit Opferschalen oder keltischen Sakralsteinen. Als die christlichen Missionare damals sahen, dass an bestimmten Orten die Heiden ihren Göttern Opfer darbrachten, verschrien sie diese Orte als Teufelstische, also als Gabentische für den Teufel (heidnische Gottheiten). So ist der Name des Berges,

Teufelstisch, wahrscheinlich auf die gleiche Art entstanden und erst später kam die heute bekannte Sage dazu.

Opfer der Kelten waren unter anderem Sachopfer, Lebensmittel wie Obst und Gemüse, aber auch Blutopfer, wo Tiere und sogar Menschen den Göttern geopfert wurde. Als die keltischen Gebiete von den Römern erobert wurden, sahen sie, dass die Druiden zu vielen Gelegenheiten Menschen opferten. Wenn ein reicher, angesehener Kelte todkrank war, ließ dieser einen Gefangenen oder Untergebenen opfern, der Tod des anderen sollte ihn am Leben erhalten. Auch lasen die Druiden die Zukunft aus dem Blut der Opfer, sie schnitten ihnen die Kehle auf und je nachdem, wie das Blut aus der Wunde spritzte, deuteten sie die Zukunft. An einigen Opferplätzen fand man Massengräber geopferter Menschen. Die Römer waren von diesen Riten so erschüttert, dass sie alle Druiden verfolgten und töteten. Die Druiden waren zuerst immer männlich, doch als sie verfolgt und vernichtet wurden, traten in manchen Gegenden Frauen an ihre Stelle. Dies waren meisten kräuterkundige Frauen, die einfach die Lücke der fehlenden Druiden füllten. Den Menschen fehlte der Rat der Druiden und so wandte man sich an diese Frauen. Man will sich heute nicht mehr vorstellen, was an diesen Opferorten im Bayerischen Wald alles Schreckliches geschah.

Weitere Opferschalen auf dem Teufelstisch, alle im selben Bereich des Berges entdeckt:

GPS: N 48° 56.158 • E 013° 03.749
N48° 56.173 • E 013° 03.757

Oben auf der Formation zwei Opferschalen nebeneinander:

GPS: N 48° 56.183 • E 013 ° 03.744

8er-Opferschale:

GPS: N 48° 56.185 • E 013° 03.742

Blutrinne:

GPS: N 48° 56.191 • E 013° 03.736

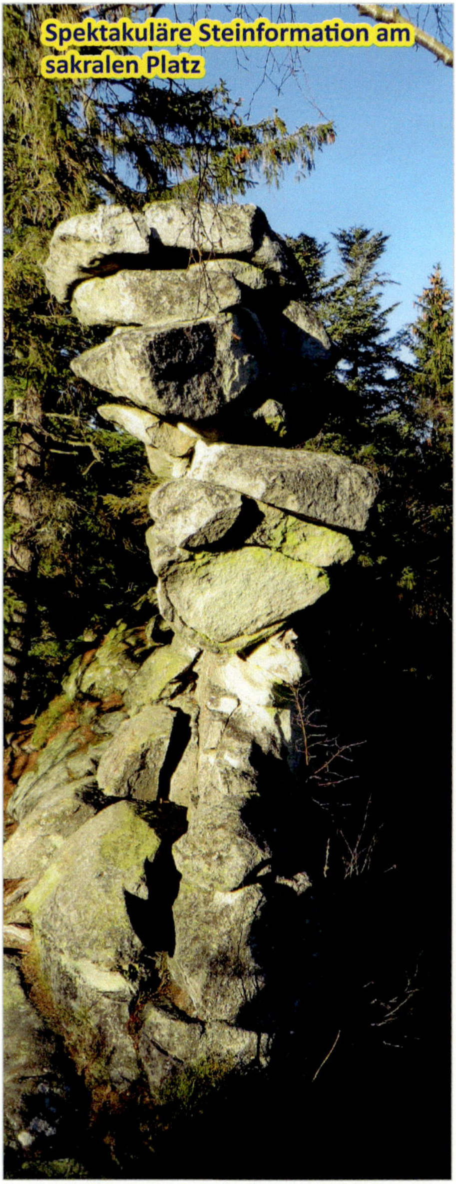

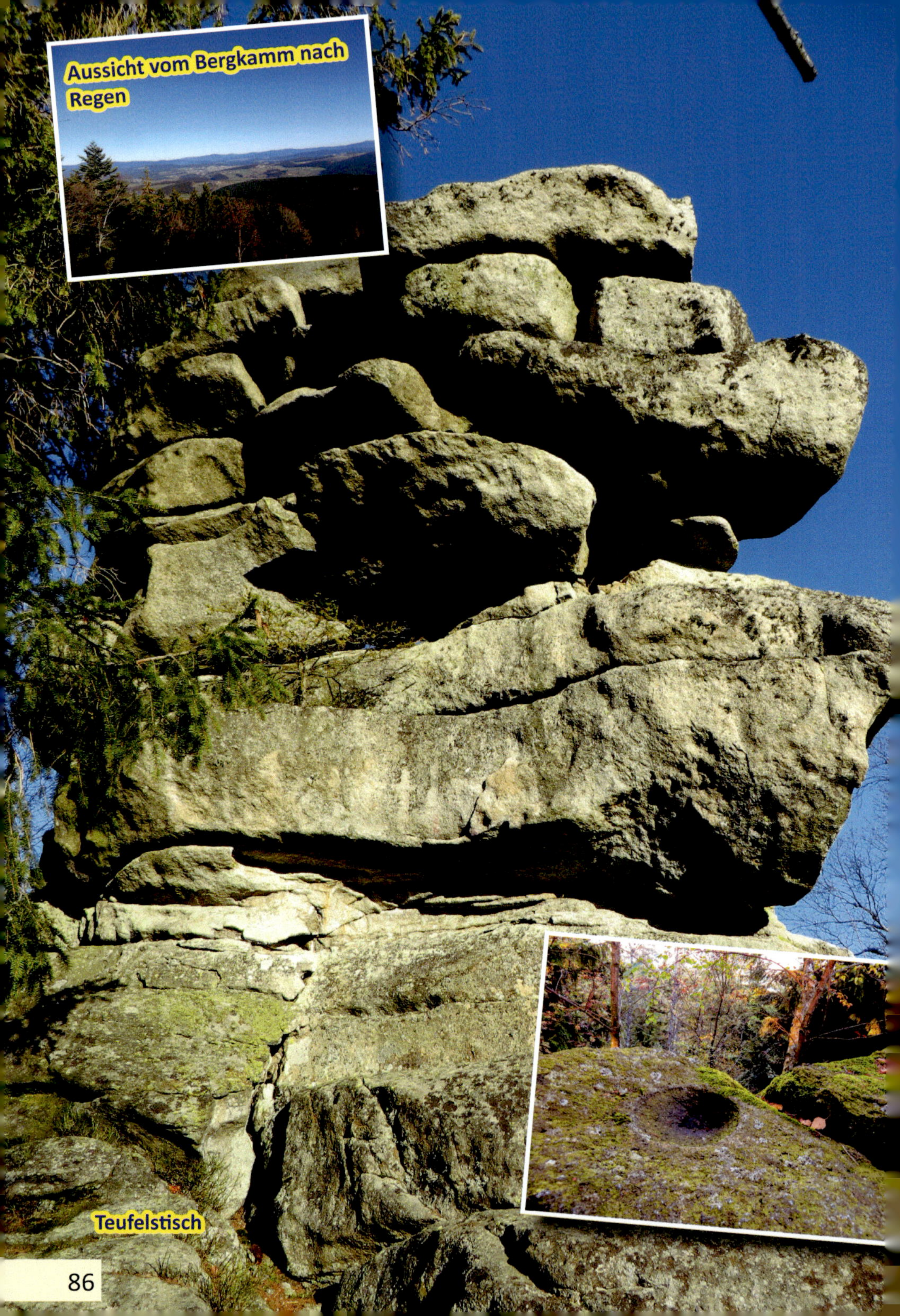

Aussicht vom Bergkamm nach Regen

Teufelstisch

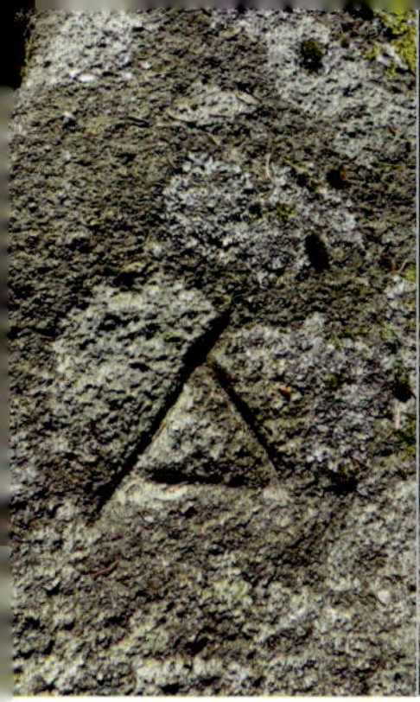
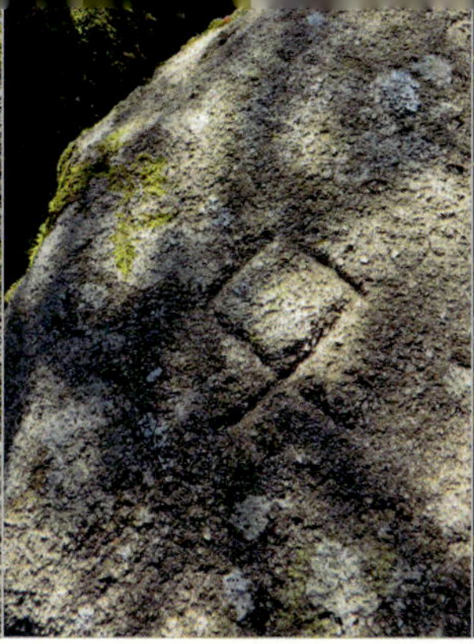
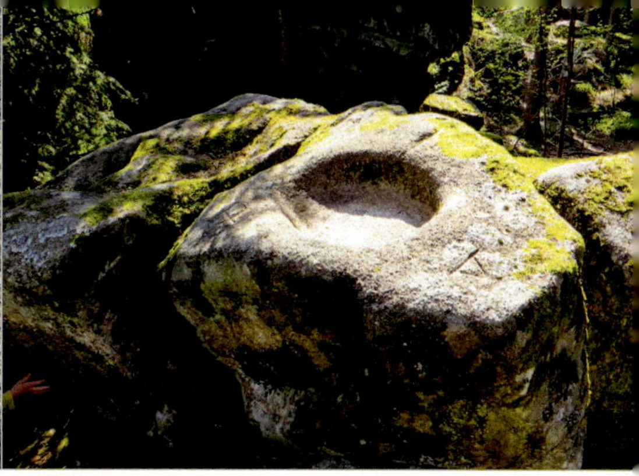

Keltenstein bei Igleinsberg

GPS Opferschale: N 49° 04.920 • E 012° 48.260
GPS Aussichtspunkt: N 49° 04.929 • E 012° 48.297

Dieser Keltenstein ist einer der berühmtesten und meistbesuchten Opfersteine. Dies kommt durch seine frühe Entdeckung und den dadurch erreichten Bekanntheitsgrad. In der Nähe des Steines wurde eine Steinaxt gefunden, die etwa 3000 vor Christus gefertigt wurde. Ebenso wird angenommen, dass diese Schale ebenfalls vor 5000 Jahren angefertigt wurde. Wenn man bedenkt, dass die Chamer Kultur schon ab 3500 vor Christus in diesem Gebiet ansässig war, dann war dies sicher ein sakraler Platz für diese ersten Siedler. Die Schale selber hat einen Durchmesser von etwa 35 cm und ist ca. 15 cm tief. Diese Schale steht auf einer Linie mit dem Keltenstein Schwaben und dem Griabalstein, was sie in eine sakrale Verbindung bringt.

An dem Stein selber kann man heutzutage ganz deutlich zwei Runen erkennen, das eine ist die Othel/Othala-Rune und die andere ist die Dorn/Thurisaz-Rune. Die Othala-Rune soll für „fester Besitz" und die Dorn-Rune für „Frauen verboten" stehen, so jedenfalls die derzeitige Ansicht der Forscher. Welches meiner Meinung nach aber nicht stimmt, die Othala-Rune steht meiner Meinung nach schon für Besitz, aber auch für den Zusammenhalt. Diese Rune ist auch das Zeichen des Hauptfeldwebels, der meistens der Spieß war und für den Zusammenhalt der Gruppe/Kompanie verantwortlich war. Die Dorn-Rune steht für die innere spirituelle Kraft und das Ehrenhafte. So soll dieser Platz den Zusammenhalt und die Einigkeit des Stammes stärken.

Die Runen selber haben aber mit der ursprünglichen Bedeutung des Steines nichts zu tun. Als diese Schale angefertigt wurde, hat es keine Runenschrift gegeben. Die Runen wurden später von den Germanen hinzugefügt, vielleicht auch erst zur NS-Zeit, wo die SS solche Orte suchte, um sie für ihre Zeremonien zu verwenden. Wann und wer aber diese eingemeißelt hatte, kann man nicht mehr nachvollziehen.

Auffällig ist, dass auf den Fichten um diesen Stein Misteln wachsen, die als Strahlensucher bekannt sind, was darauf hindeutet, dass an dieser Stelle die Erdstrahlung sehr hoch ist. Dies wird natürlich unseren Vorfahren ebenfalls aufgefallen sein, und da sie sich das Gefühl, das sie an dieser Stelle hatten, nicht erklären konnten, erklärten sie den Platz zu einem sakralen Ort.

Der Stein selber wird heutzutage sehr stark genutzt, man findet immer wieder Hinterlassenschaften anderer Religionen, wie Opfergaben von Schamanen, buddhistische Fähnchen oder abgebrannte Wachskerzen und Grablichter. Es ist schade, dass man diesen Platz nicht so verlassen kann, wie man ihn vorgefunden hat. Auch ist dies ein Zeichen dafür, wie sich die Menschen anderen Glaubensrichtungen zuwenden, zum Teil auch alten Religionen wie den keltischen oder germanischen Glaubensrichtungen. Viele verehren das Heldenhafte, das diese Religionen verkörpern, wie zum Beispiel die gefallenen Krieger der Germanen,

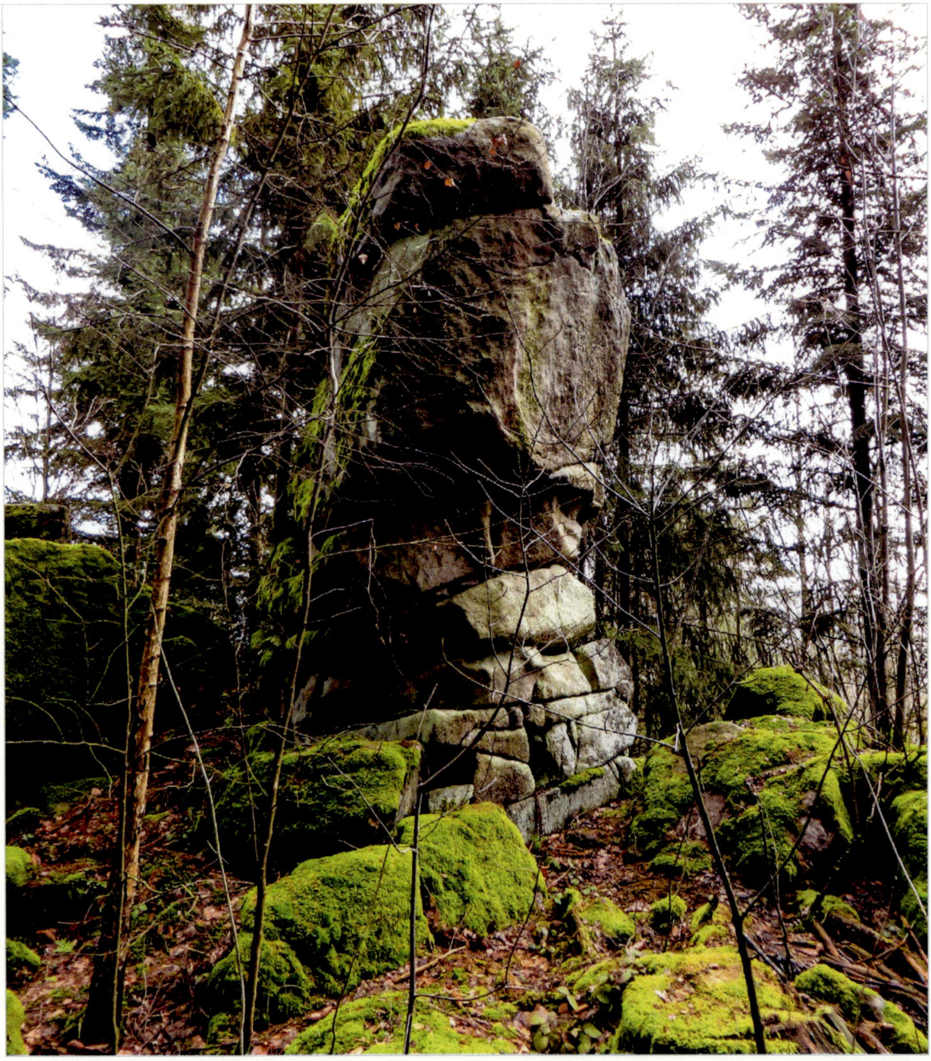

die nach Walhalla einziehen. Was aber noch Schreckliches hinter diesem Glaubenskult steht, sehen sie nicht, wie etwa Menschen- und Tieropfer. Nicht umsonst sind die Menschen damals von diesem Glauben abgefallen.

Etwas unterhalb des Schalensteins ist ein Aussichtspunkt, der einen Überblick über den unteren und hinteren Bayerischen Wald bietet und der unbedingt beim Besuch der Opferschale ebenfalls aufgesucht werden sollte. Eine Sitzgelegenheit lädt zum Brotzeitmachen und Genießen der Aussicht ein.

In der Nähe des Opfersteins ist die sogenannte Kesselbodenkapelle, neben der Kapelle ist ein kleiner Brunnen, der angeblich das stärkste Heilwasser des Bayerischen Waldes bietet. Das Heilwasser soll um Mitternacht abgeschöpft werden, da es hier die größte Heilwirkung hat. Es soll besonders bei Augenleiden helfen. Die Kapelle selber wurde sehr schön renoviert und zählt seit vielen Jahren als Wallfahrtsort.

GPS Kapelle:

N 49° 04.841 • E 012° 48.146

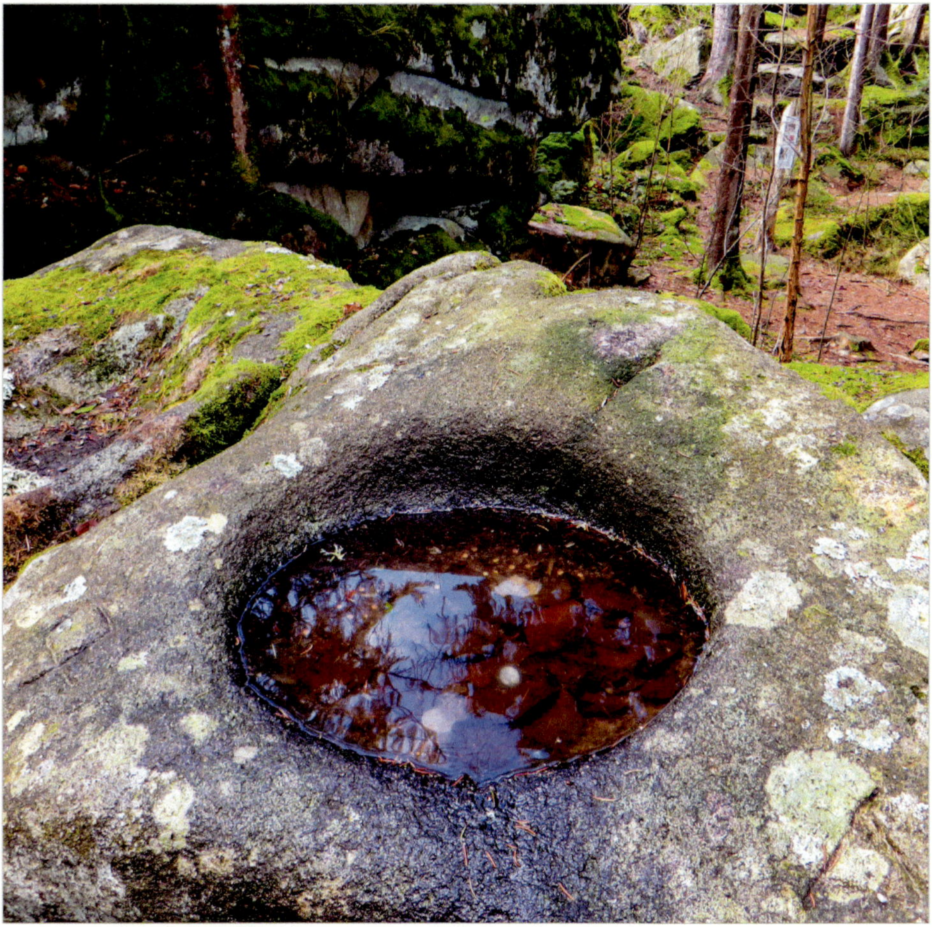

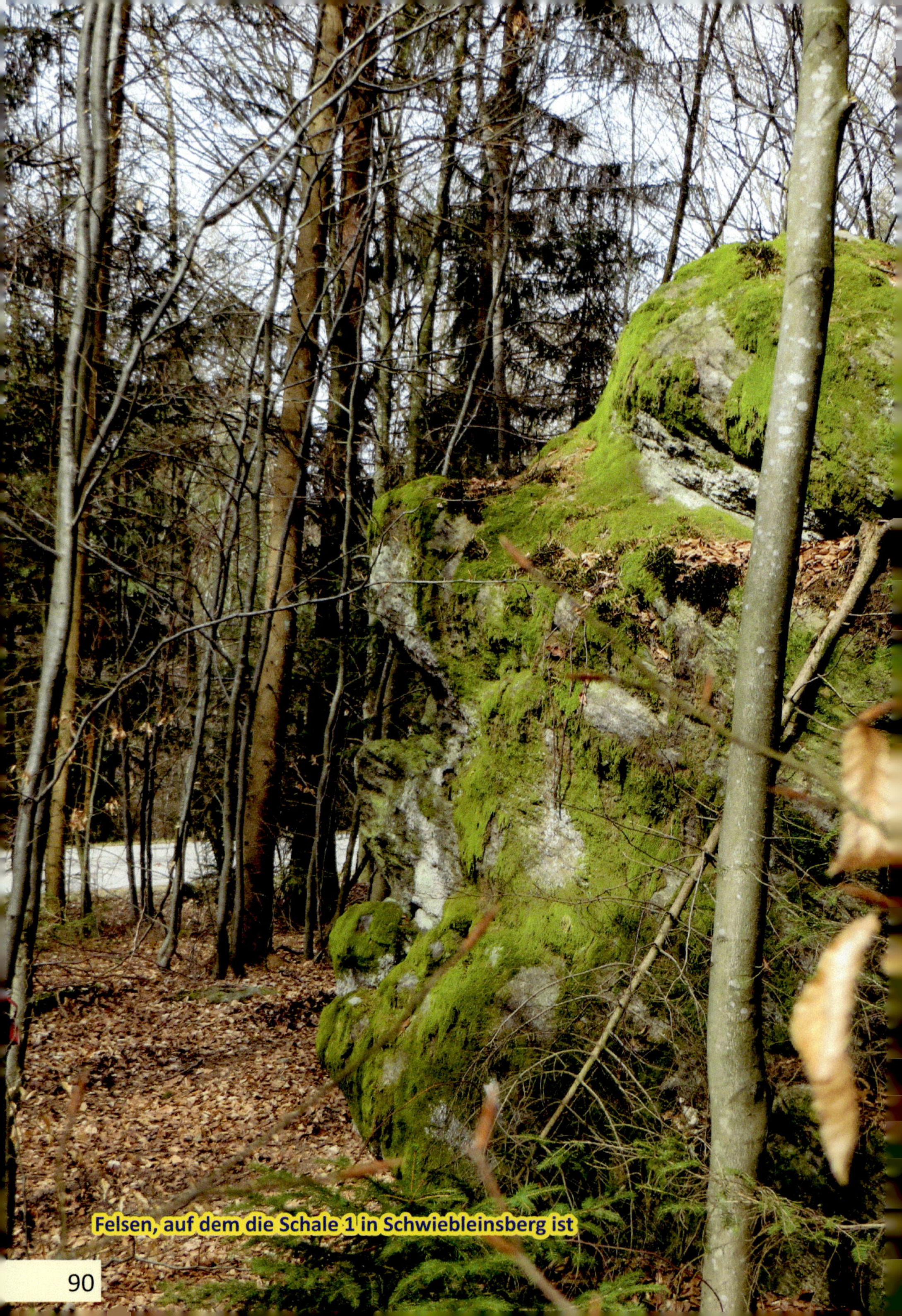
Felsen, auf dem die Schale 1 in Schwiebleinsberg ist

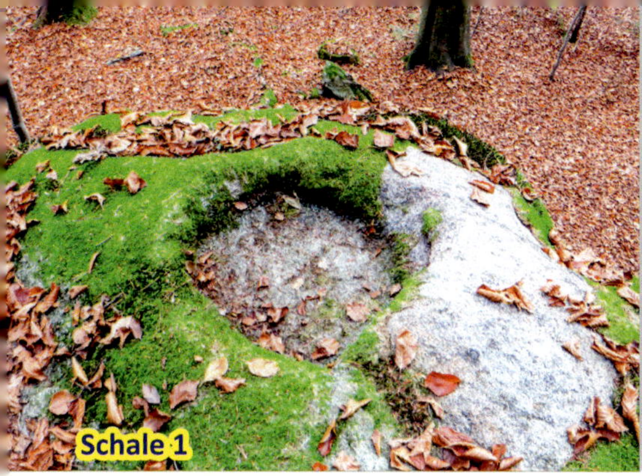

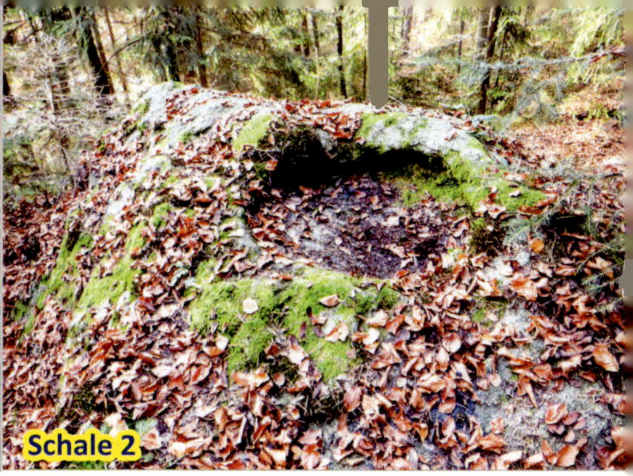

Keltische Opferschalen von Schwi(e)bleinsberg

Schwi(e)bleinsberg liegt in der Nähe von Schönau in der Gemeinde Viechtach. Im Wald bei diesem kleinen Dörfchen sind zwei sogenannte keltische Opferschalen versteckt. Die erste Schale befindet sich gleich neben der Dorfstraße auf einem etwa 3,5 Meter hohen Felsen. Sie ist rund aus dem Stein gemeißelt und hat etwa einen Durchmesser von 40 cm und eine Tiefe von 15 cm.

Meiner Meinung nach konnte man früher, heute nur teilweise, zum Arber blicken, der ein wichtiger Berg für unsere keltischen Vorfahren war. Ich vermute, dass Schwi(e)bleinsberg eventuell eine Raststation für die im Bereich Straubing wohnenden Kelten war, wenn diese zum Arber wallfahrteten. Es kann aber ebenso gut sein, dass dort seit langem menschliche Siedlungen waren, diese Gegend ist nachweislich schon seit über 3000 Jahren besiedelt.

GPS Schale 1:

N 49° 04.720 • E 0 12° 58.417

Die zweite Schale liegt etwas oberhalb im Wald versteckt, man stößt zuerst auf eine etwa 100 Meter lange schnurgerade Mauer, die so aussieht als sei sie eine Feldsteinlesemauer. Feldsteinlesemauern entstanden, als die Bauern das Feld ackerten und die hervortretenden Steine ausklaubten und am Feldrand ablegten. So entstand eine natürliche Grenze zum benachbarten Feld.

Diese Mauern sieht man heutzutage oft mitten im Wald und fragt sich, was diese wohl zu bedeuten hatten. Der Bayerische Wald war nicht immer so dicht bewaldet, früher gab es mehr Äcker und Wiesen, die nach und nach zu Wäldern wurden.

Was aber bei dieser schnurgeraden Mauer nicht zutrifft, da links und rechts in einem großen Bereich noch sehr viele Steine liegen und so kein Ackerbau möglich gewesen wäre. Diese Mauer führt geradewegs auf einen großen Felsen mitten im Wald zu, dort oben befindet sich diese zweite Opferschale. So denke ich, dass Mauer und Schale in Verbindung stehen, eventuell diente die Mauer dazu, einen bestimmten Tag zu bestimmen. Wenn zum Beispiel jemand bei der Schale steht und die Sonne in gerader Linie zur Mauer aufgeht, markiert die Mauer sozusagen den Punkt, wo ein bestimmter Tag ist. Sommersonnenwende, Wintersonnenwende, Beginn der guten Zeit am 1. Mai oder Beginn der entbehrungsreichen Zeit am 1. November...

GPS Anfang der Mauer:

N 49° 04.884 • E 012° 58.314

GPS Schale 2:

N 49° 04.892• E 012° 58.295

Etwas hinter der zweiten Schale gelangt man in einen seltsamen Wald, dort haben alle Bäume seltsame Ausbuchtungen, umgangssprachlich sagt man Krebsbäume. Das Seltsame ist, dass sich der Teil mit diesen Krebsbäumen über einen zwei Fußballfelder großen Bereich erstreckt. Wenn Menschen sich zu lange in dieser Gegend aufhalten, bemerkt man, dass es sich hier um einen Bereich mit sehr großer Erdstrahlung handelt, man bekommt Kopfschmerzen. Auch kann ich mir vorstellen, sollte sich jemand über längere Zeit in diesem Bereich aufhalten, dass dieser genau so wie die Bäume krank werden würde.

Auch unsere Vorfahren haben dies sicher gespürt, und da sie es sich nicht erklären konnten, einen sakralen Platz daraus gemacht.

GPS-Daten seltsamer Wald

N 49° 04.888 • E 012° 57.942

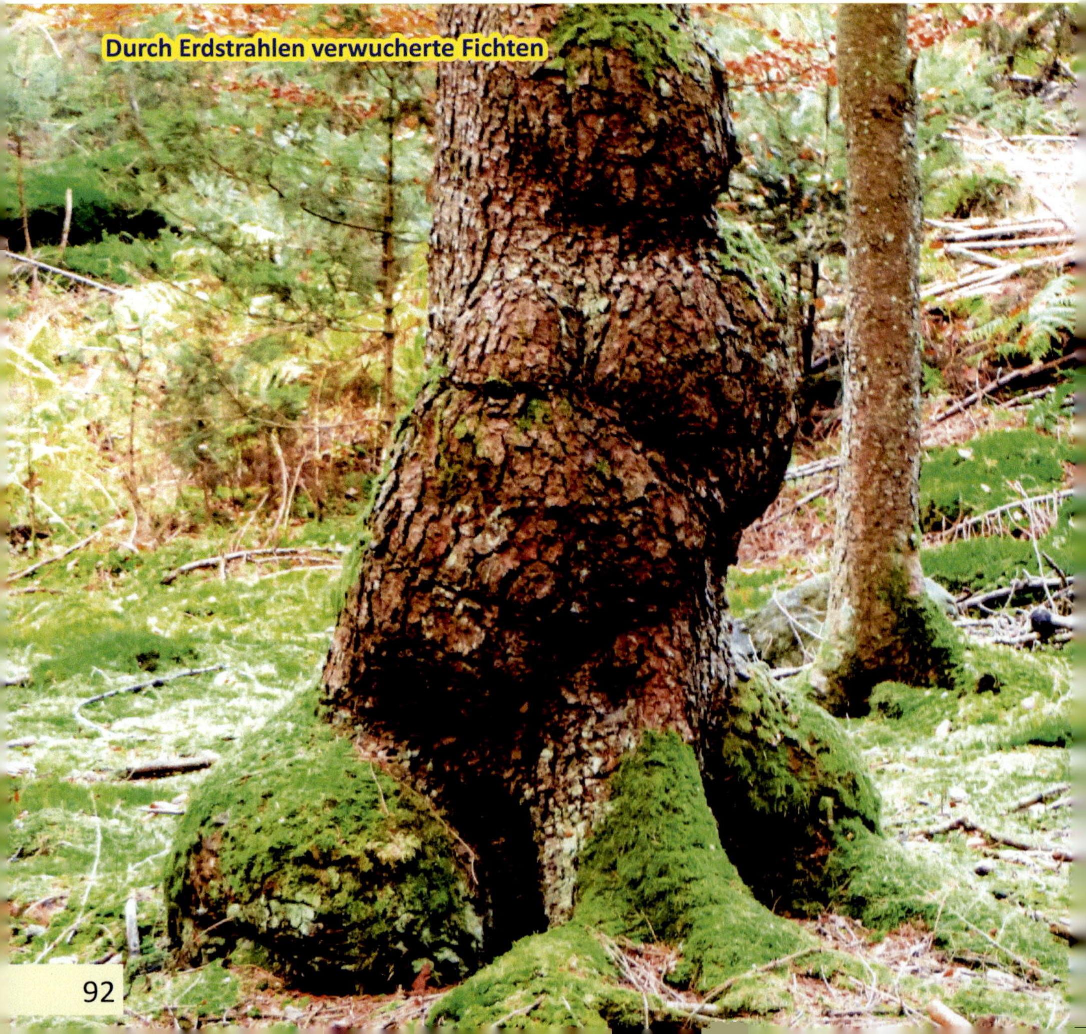

Durch Erdstrahlen verwucherte Fichten

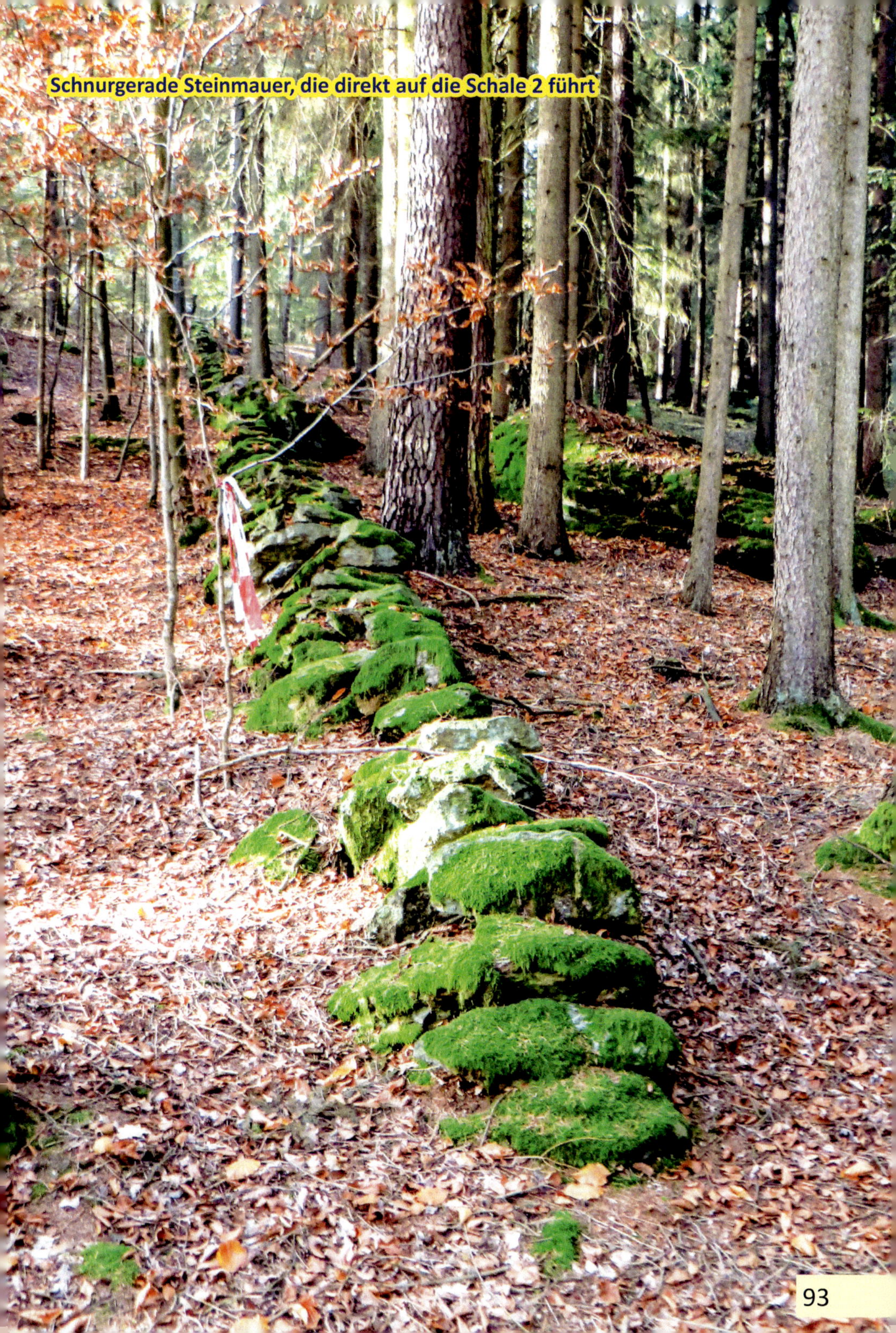

Schnurgerade Steinmauer, die direkt auf die Schale 2 führt

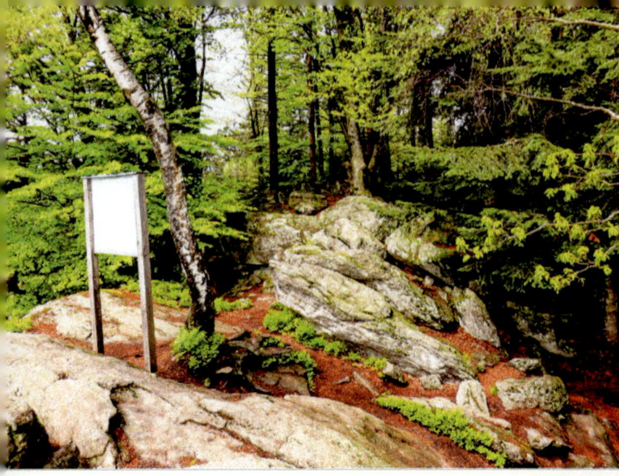

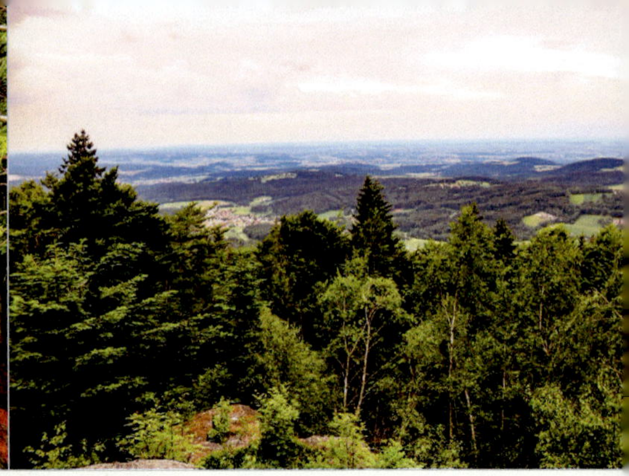

Geßinger Stein

GPS: N 49° 52.114 • E 013° 03.744

Wenn man vom Ruselabsatz den Gesundheitsweg geht, kommt man an einem Aussichtsfelsen vorbei, dieser wird Geßinger Stein genannt. Von dort kann man eine wunderbare Aussicht über die Deggendorfer Donauebene genießen. Besonders in der Nacht ist der Ausblick über das Lichtermeer der Ortschaften des Vorwaldes sehenswert.

Ausgangspunkt: Rusel Absatzparkplatz

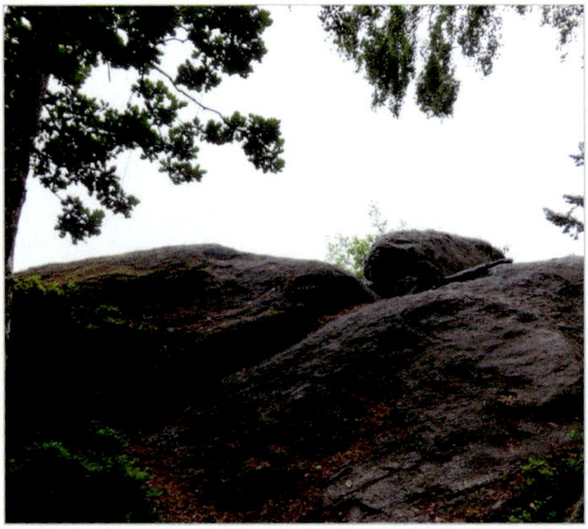

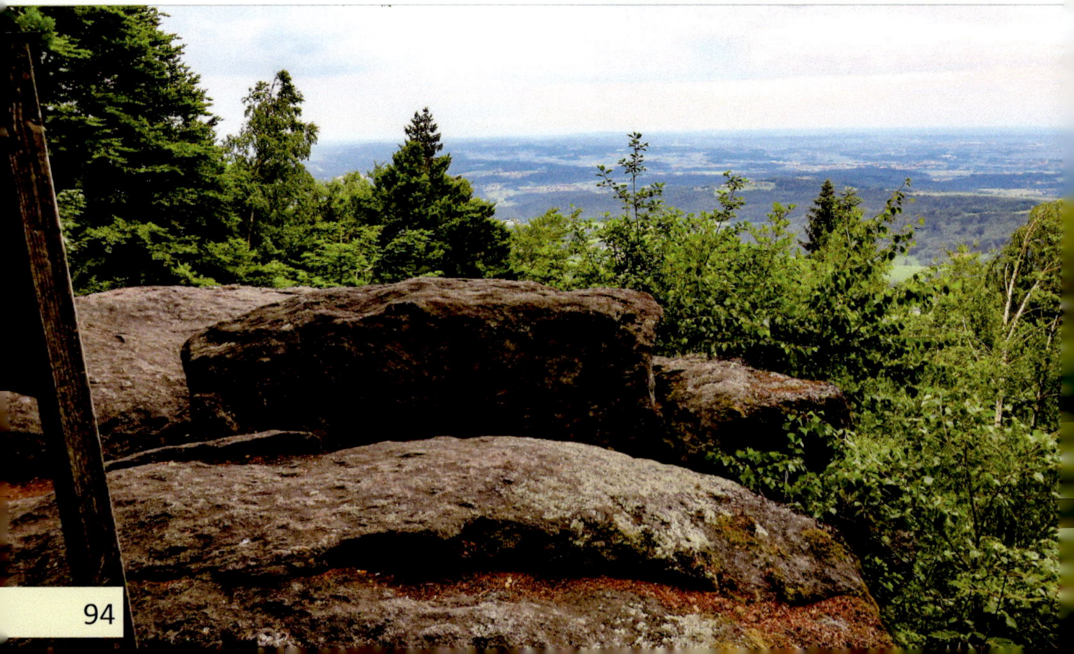

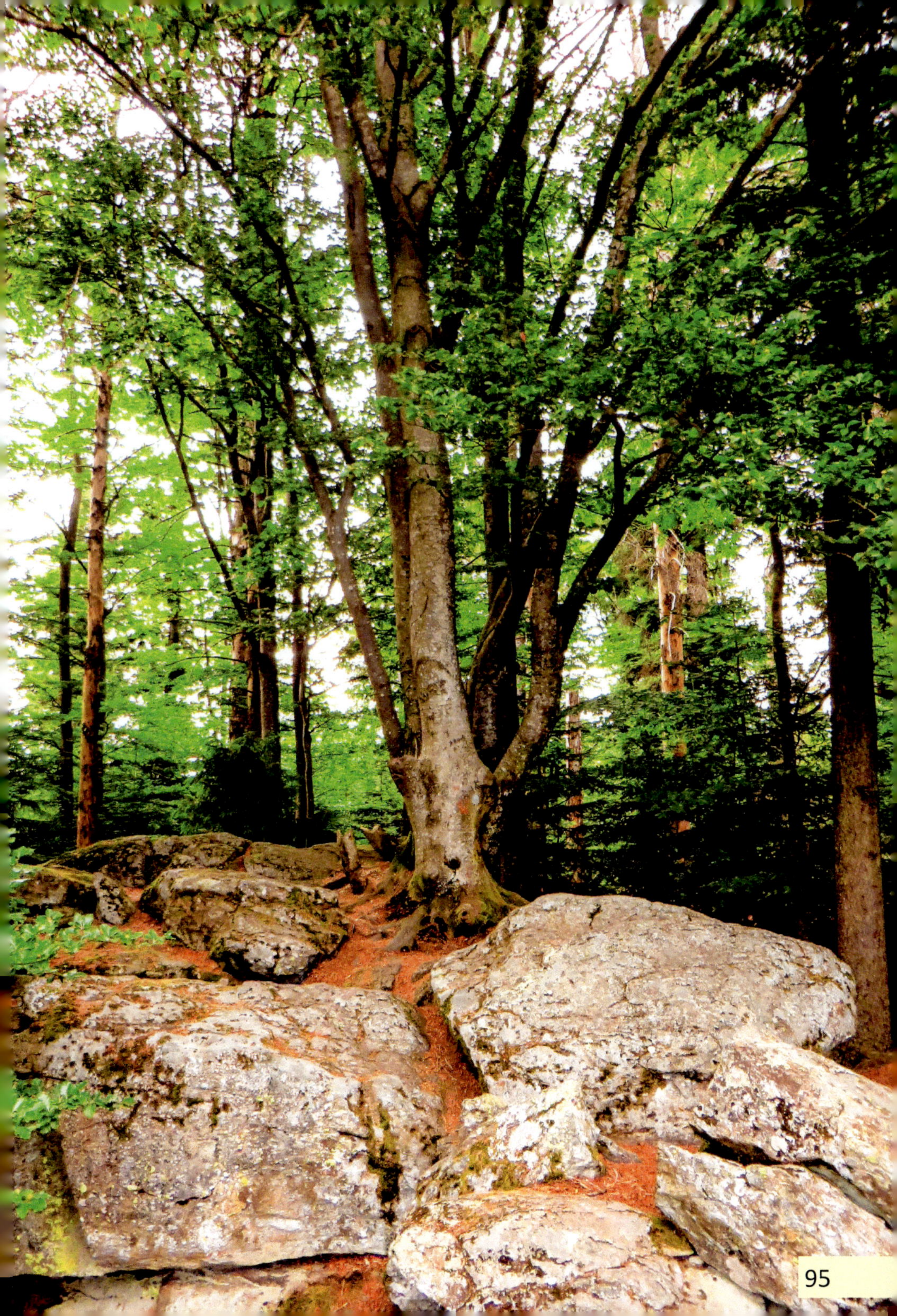

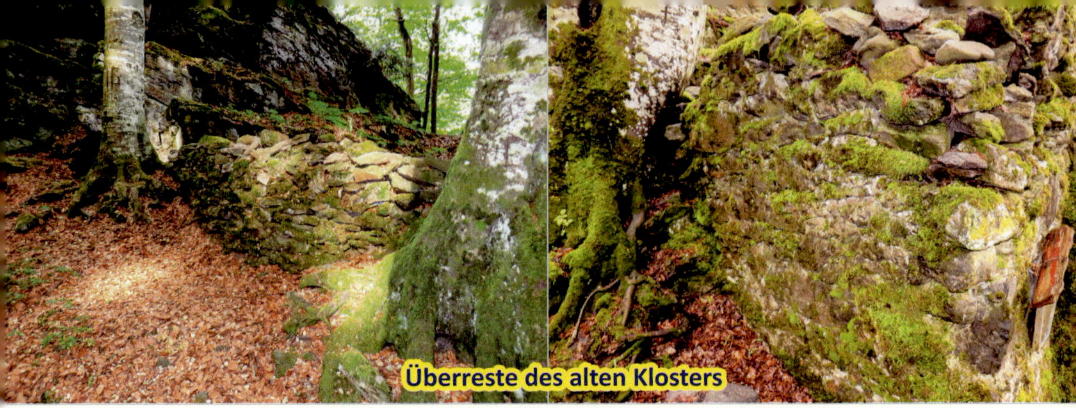

Überreste des alten Klosters

Das Kloster auf dem Hausstein

GPS: N 48° 52.120 • E 013° 04.182

Johann IV. Heinrich Lutz - der Straubinger - war von 1619 bis 1634 Abt im 731 gegründeten Kloster Niederalteich. Er war mit dem Leben in dem wohlhabenden Mutterkloster nicht mehr zufrieden und wollte wieder zu den Ursprüngen des Benediktinerordens zurück. »Ora et labora«, so ihr Wahlspruch, der heißen soll »bete und arbeite« sollte wieder Einzug halten.

So kam er um 1625, wenige Jahre nach Ausbruch des 30-jährigen Krieges (1618-1648) auf die Idee, auf einem der Vorwaldberge (auf dem Hausstein/"Haus am Stein" am Ruselhang, der sich seit 1141 im Besitz des Klosters befand), ein Reformkloster zu bauen.

Ein karges und besinnliches Leben in einem kleinen Kloster mit Kapelle sollte es dort sein, mitten in der Wildnis des rauen Waldgebietes, weg von dem Reichtum und Luxus des alten Klosters.

Natürlich passte das seinen Mitbrüdern nicht, sie hatten sich an das gute Leben in Niederalteich gewohnt und wollten es nicht mehr missen.

So zwangen die Klosterältesten den Abt, kurz vor der Fertigstellung, sein Vorhaben aufzugeben, ohne dass es je genutzt wurden. Heute kann man nur noch die Grundmauern sehen.

Ausgangspunkt: Rusel, Absatzparkplatz

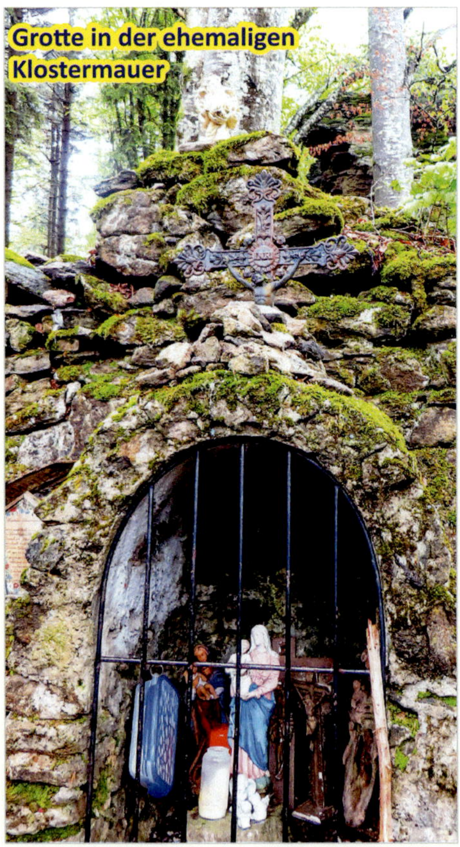

Grotte in der ehemaligen Klostermauer

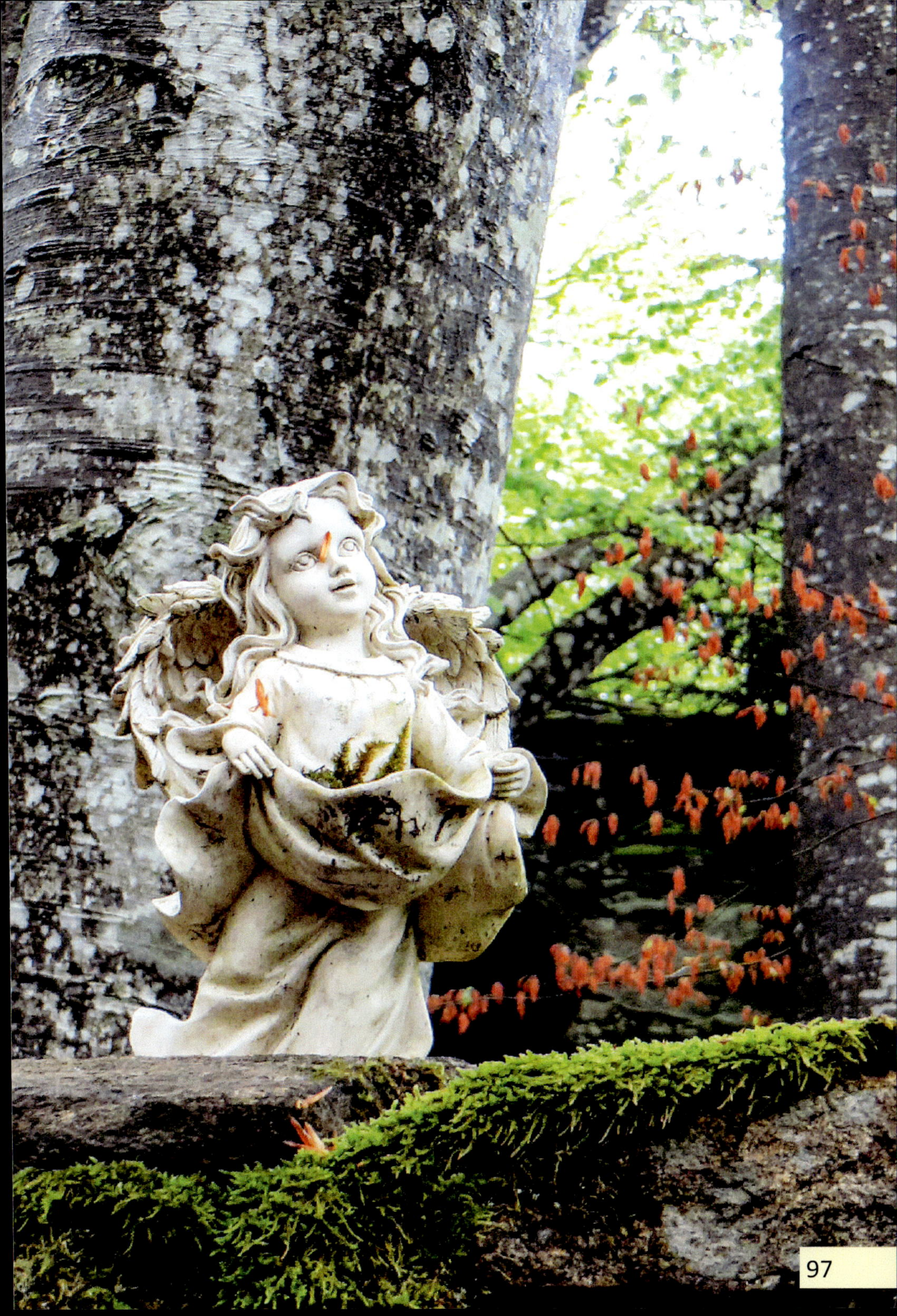

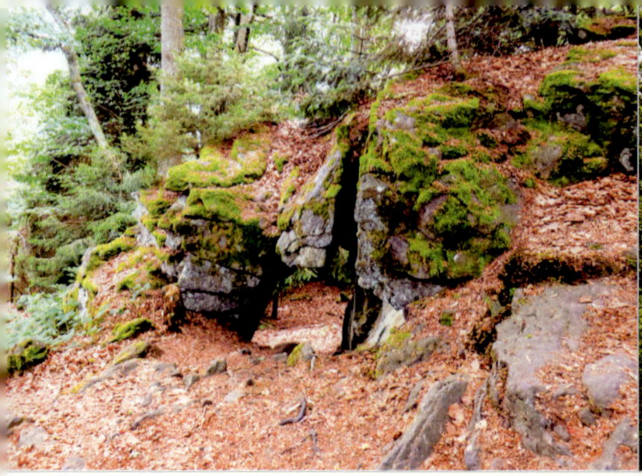
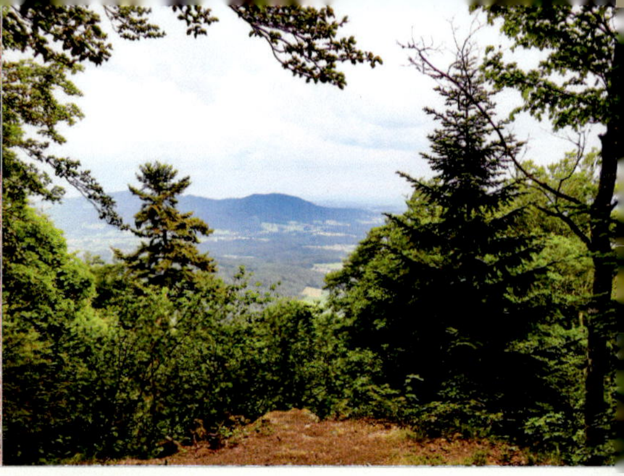

Königsstein

GPS: N 48° 52.096 • E 013° 04.196

Auf dem Hausstein ist eine Aussichtsstelle, dort machten am 11. Juli 1849 König Max II. und seine Gattin Marie Rast und genossen die Aussicht über die Donauebene, als sie durch ihr Königreich Bayern reisten. Wahrscheinlich waren sie von dem Ausblick und dieser Gegend so begeistert, dass dort eine Steinsäule errichtet wurde, die an diesen Aufenthalt erinnern soll. Dieser Aussichtspunkt wurde dann Königsstein genannt.

Viele Jahre später, am 10. Juni 1901, machte eine weitere Königliche Hoheit, nämlich Prinz Ludwig von Bayern, wieder an derselben Stelle Rast und wurde ebenfalls auf der Steinsäule verewigt. Auch ohne königlichen Blutes zu sein, kann man von dort den wunderbaren Ausblick genießen.

Ausgangspunkt: Rusel Absatzparkplatz

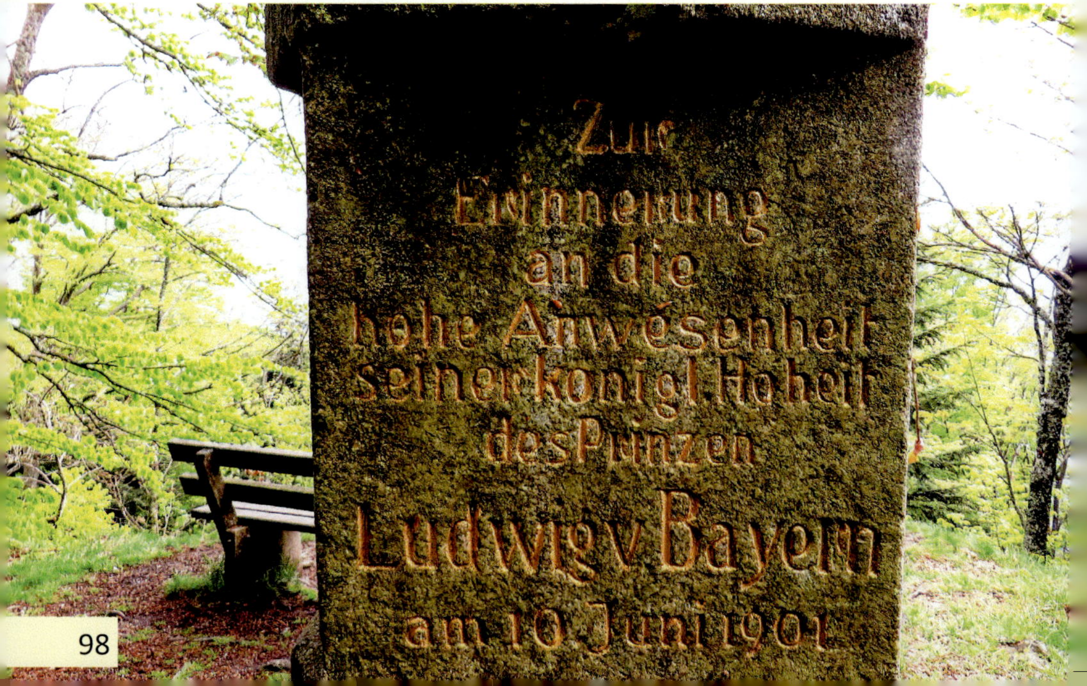

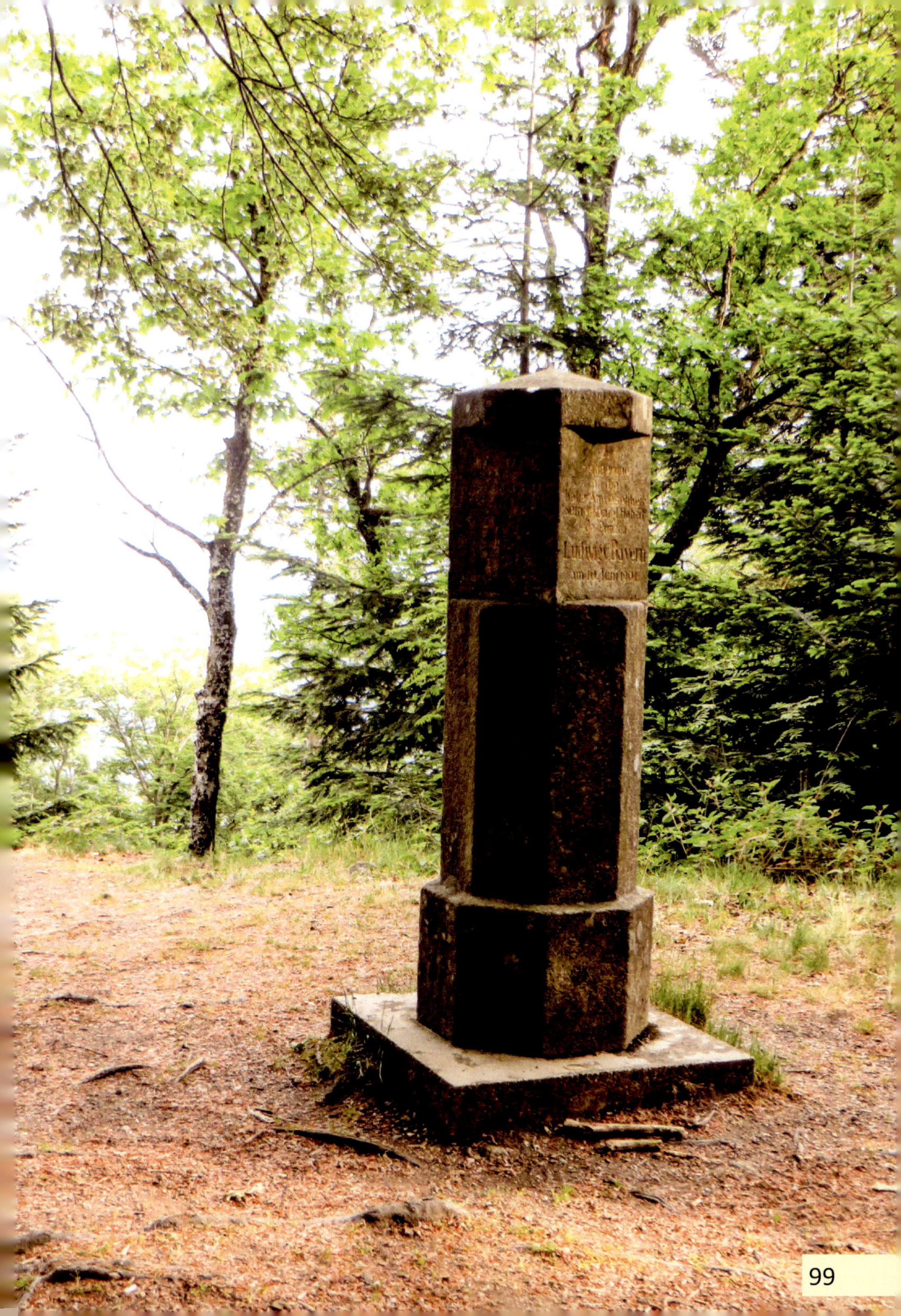

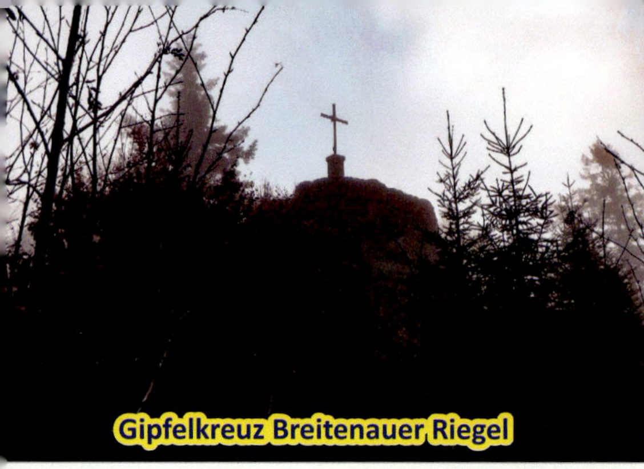

Gipfelkreuz Breitenauer Riegel

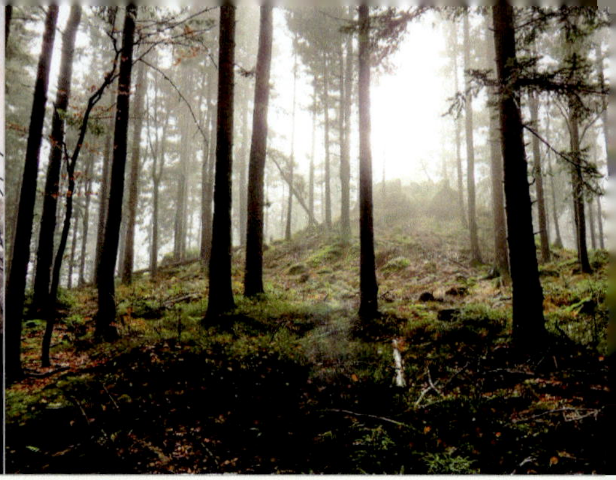

Packlagenwege auf der Breitenau

GPS: N 48° 53.935 • E 013 02.233

Wenn man auf den Wanderwegen zwischen der Breitenau und Oberbreitenau unterwegs ist, fallen einem des Öfteren seltsam befestigte Wege auf. Diese Wege sind mit Steinen gepflastert, wobei die Steine aber nicht liegend, sondern stehend verlegt wurden. Diese Art der Rollierung nennt man Packlage, deshalb Packlagenwege. Diese Wege sind etwa 1,5 Meter breit und wurden fachmännisch angelegt, was einem gleich auffällt, wenn man sie sieht.

Woher diese Wege stammen und warum sie angelegt wurden, da scheiden sich die Geister. Die einen sagen, dass diese Wege von den Einwohnern der Oberbreitenau angelegt wurden – was aber sehr schwierig gewesen sein muss, da es nie sehr viele Einwohner auf der Oberbreitenau gegeben hat und diese von Mai bis Oktober mit Feldarbeit mehr als beschäftigt waren. Die Winter waren lang dort oben, der Schnee lag oft bis in den Mai hinein und der erste Schnee kam schon im Oktober wieder. Sobald es geschneit und gefroren hatte, konnte an diesen Wegen nicht weitergearbeitet werden. Daher war es meiner Meinung nach nicht möglich, dass die Einwohner diese Wege angelegt haben; es fehlte an Zeit, Personal und dem fachlichen Wissen. Die Grundbesitzer, die Grafen von Bogen, später von Degen, hatten vermutlich nicht so viel Geld, um die Wege in dieser unwirtlichen Gegend von Facharbeitern anfertigen zu lassen.

Die anderen sind der Meinung, dass diese Wege viel älter sind, weil durch dieses Gebiet der Böhmweg, ein uralter Säumerweg führte, der schon vor weit über 1000 Jahren genutzt wurde. Der Böhmweg war einer der ersten Salzsäumerwege nach Böhmen. Es wird aber vermutet, dass, bevor dort Salz transportiert wurde, dies schon Wege waren, wo Erze gehandelt wurden. Die Erze stammten aus dem Bayerischen Wald oder aus Böhmen. Es wird vermutet, dass es diesen Weg schon vor Christi Geburt gab. Sollte dem so sein, wäre diese Handelszeit in der römischen Besatzungszeit gewesen.

Es gibt verschieden Stellen an diversen Wanderwegen zwischen der Breitenau und Oberbreitenau, an denen diese Wege noch in Erscheinung treten. Den schönsten Packlagenweg sieht man, wenn man von der Hölzernen Hand über

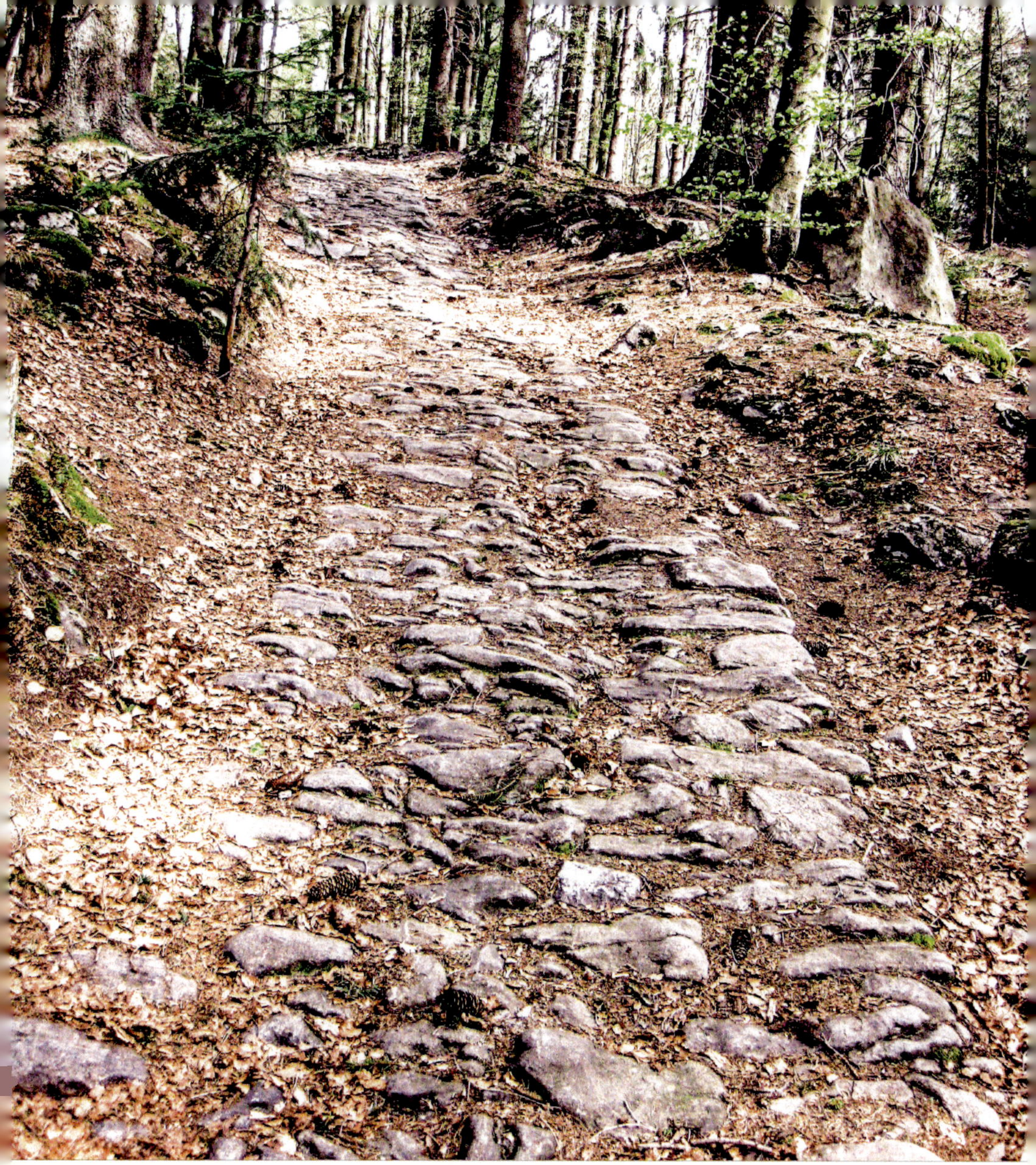

den Breitenauer Riegel zur Oberbreitenau geht.

Denkbar wäre auch, dass diese Wege noch viel älter sind: Der Flintsteinweg (Feuersteinweg) führte von Flintsbach (bei Deggendorf) nach Böhmen und der uralte Bernsteinweg führte von der Ostseeküste durch Böhmen zur Donau, und dem Inn aufwärts nach Österreich und weiter Italien. Bei diesen uralten Handelswegen ist der genaue Verlauf bis heute nicht erforscht.

Ausgangspunkt: Rusel Absatzparkplatz

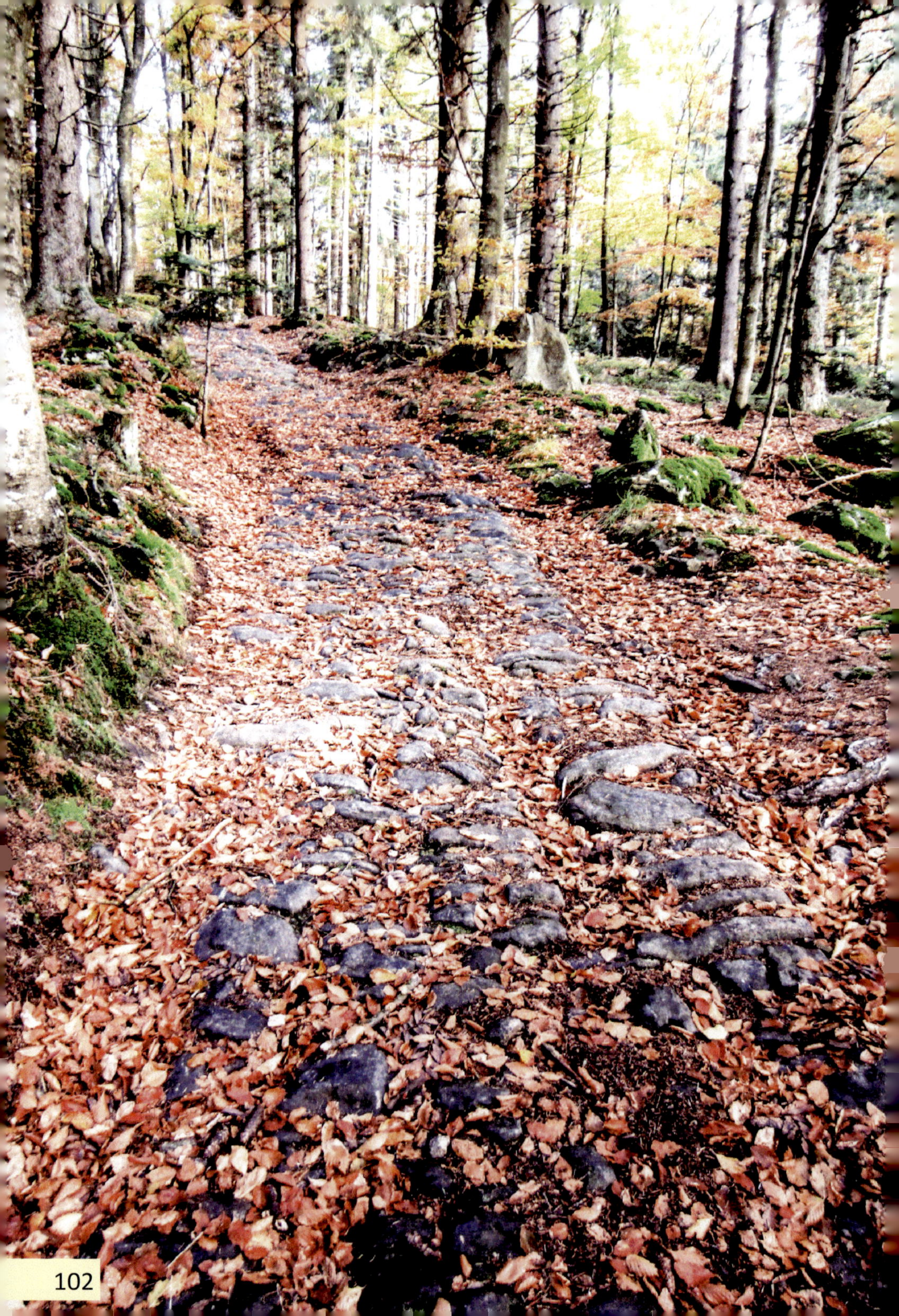

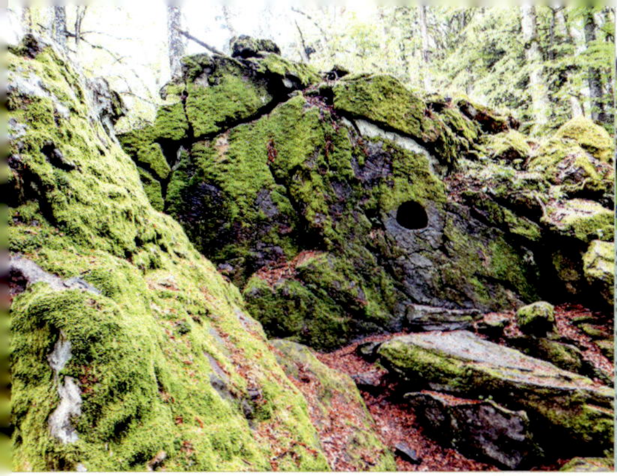

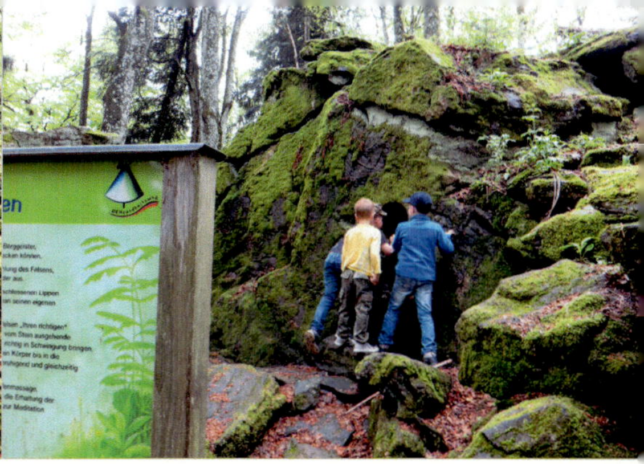

Summfelsen

GPS: N 48° 52.105 • E 013° 04.187

Auf dem Hausstein gibt es einen erst vor nicht allzu langer Zeit gemachten Summfelsen. In diese kleine Felshöhle soll der Kopf gesteckt und mit tiefer Stimme gesummt werden. Nach einiger Zeit soll dann die vom Stein ausgehende Resonanz am ganzen Körper spürbar sein, was auf den Summenden beruhigend und gleichzeitig belebend wirken soll.

Ausgangspunkt: Rusel Absatzparkplatz

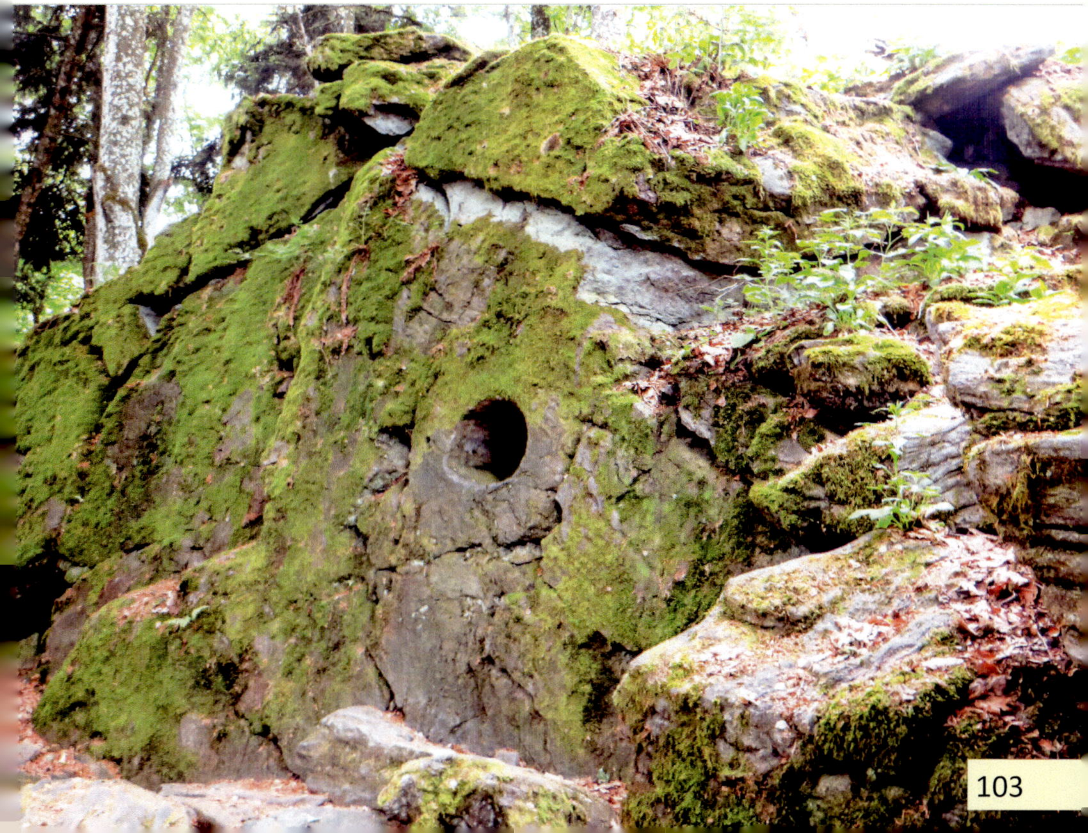

Rachelkapelle

GSP Rachelkapelle: 48°58 442 N • 13°24 099 E

Um die Rachelkapelle und den Rachelsee ranken sich einige Sagen.

Es war einmal ein Forstbeamter bei dichtem Nebel am Rachel unterwegs, plötzlich scheute sein Pferd und wollte nicht mehr weitergehen, so sehr er es auch antrieb. Als er abstieg, um zu schauen, was mit dem Pferd ist, sah er, dass sie an einem steilen Abhang zum Rachelsee standen. Aus Dank ließ er die Rachelkapelle an derselben Stelle erbauen.

Eine andere Sage deutet auf einen vorchristlichen Kultplatz hin. Es gibt die Geschichte, dass im Rachelsee an bestimmten Tagen Pferdeköpfe schwimmen. Die könnte man so interpretieren, dass der Ort, wo die Rachelkapelle steht, ein alter Opferplatz der Kelten war. Die größten und wertvollsten Opfer der Kelten waren ein Mensch oder ein Pferd. Wenn es nun an bestimmten heiligen Tagen unserer Vorfahren Brauch war, dort den Göttern ein Pferdeopfer zu bringen, dem Pferd den Kopf abzuschneiden und diesen über den Abhang vor der Kapelle in den See zu werfen, würde dies das mit den schwimmenden Pferdeköpfen erklären.

Die Sage mit dem Jäger könnte dann diese alte Geschichte als Ursprung haben, vielleicht opferten Jäger oder Krieger der Kelten dort Pferde, um in der Jagd oder in der Schlacht Glück zu haben. Vielleicht konnte ein geopfertes Pferd einem das Glück bringen, dem Tod in der Schlacht zu entgehen. Um diesen heidnischen Ort zu bannen, baute man dann die Rachelkapelle, mit dieser umgemünzten Sage als Grundlage.

Ausgangspunkt: Gfäll-Parkplatz bei Spiegelau oder Racheldiensthütte, Gemeinde Sankt Oswald-Riedlhütte

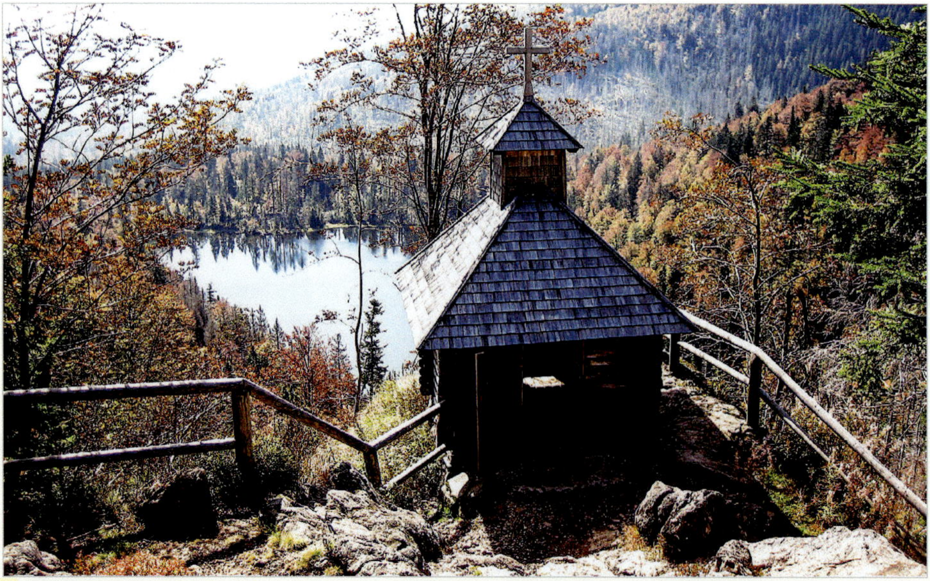

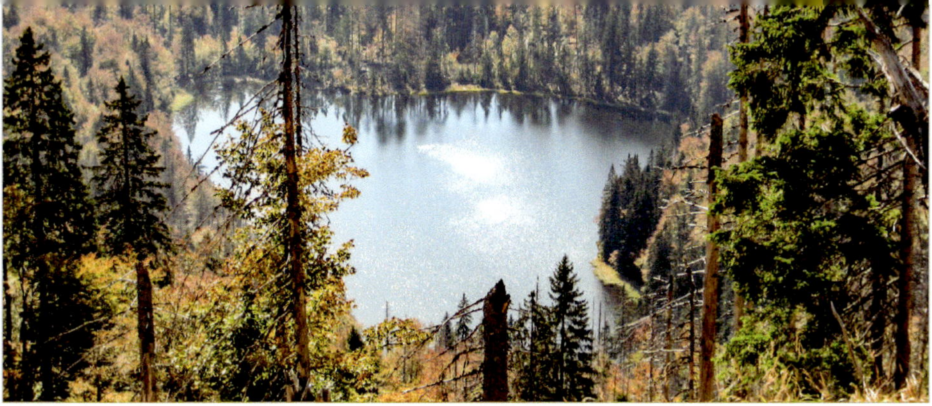

Der Rachelsee

GPS Rachelsee: 48°58 256 N • 13°24 121 E

Der Rachel ist mit seinen 1453 Metern der zweithöchste Berg im Bayerischen Wald. Unweit des Gipfels ist ein See, der so genannte Rachelsee. Dieser See war bei den Waidlern verrufen und keiner ging gern an diesen Ort. Durch sein saures Wasser gibt es im See keine Fische, dies konnten sich aber unsere Vorfahren nicht erklären und so dachten sie, dass kein lebendes Wesen in diesem See schwimmen dürfe. Der See hat eine bräunlich schwarze Färbung des Wassers, darum dachten die Menschen damals, dass der See eine direkte Verbindung zur Hölle ist. Wer im See badet, ist verloren, der wird von Wassernixen in die Tiefe gezogen und muss elendig ertrinken. Wer einen Stein in den See wirft, beschwört

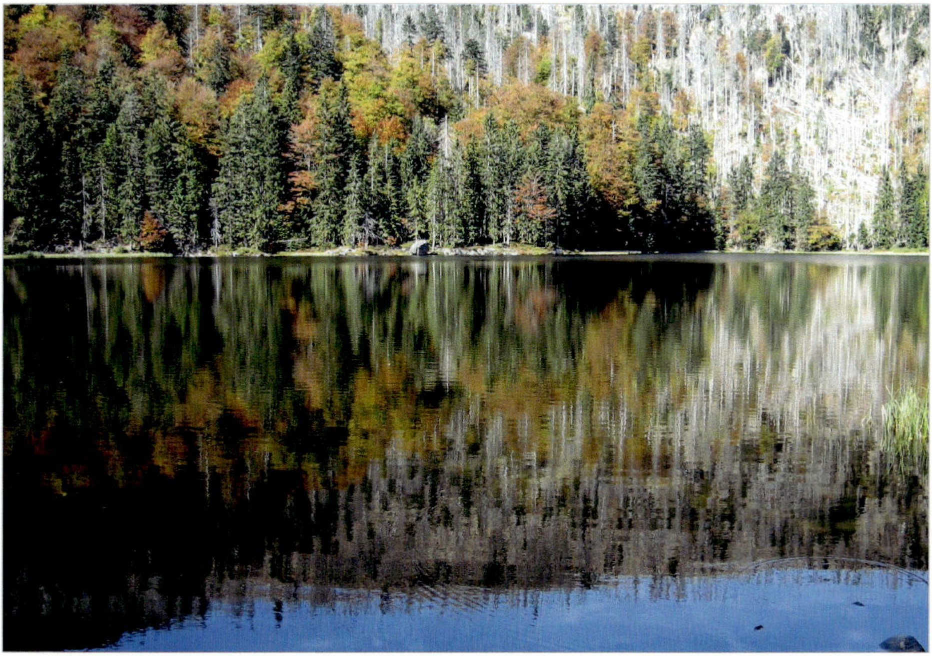

den Zorn des Sees herauf und der See wird über seine Ufer treten und das Land unterhalb des Rachels überschwemmen. Auch wurden laut alten Sagen viele böse Geister in den See gebannt. Wenn es früher in einem Haus weizte, kam ein Priester und bannte den verantwortlichen Geist in den Rachelsee. Und wenn man sich in der Nacht in die Nähe des Rachelsees wagt, kann man diese Armen Seelen über ihr Schicksal jammern hören, da sie bis zum Jüngsten Gericht in den See gebannt wurden.

Der schlimmste Geist, der in den See gebannt wurde, war der von der Gräfin Wecklin von Rammelsberg. Diese Gräfin war zu Lebzeiten eine böse, missgünstige Frau, die ihren Untergebenen das Leben zur Hölle machte. Als sie nun eines Tages starb, begann es in ihrem Anwesen zu weizen. Die Menschen wussten sofort, dass dies nur der Geist der so verhassten Gräfin sein konnte, da sie für ihr menschenverachtendes Leben keine Ruhe im Tod fand. Daher wurde ein Geistlicher beauftragt, den Spukgeist der Gräfin auf alle Zeit in den Rachelsee zu bannen. Ihr Geist darf das Wasser erst nach dem Abendläuten verlassen; wehe dem Wanderer, den sie in der Nacht erwischt.

Laut einer anderen Sage soll die Gräfin Wecklin mutwillig ihr Kind getötet haben, so dass sie nach dem Tod des Nachts in glühenden Schuhen durch die Lusenwälder wandeln muss. Viele haben schon des Nachts von Weitem die glutroten Schuhe durch die Wälder laufen sehen.

Im Rachelsee soll es Geisterfische geben, die scheuen das Licht und sind nur am Abend und in der Nacht zu sehen, es sollen arme Seelen sein.

Ausgangspunkt: Gfällparkplatz oder Racheldiensthütte

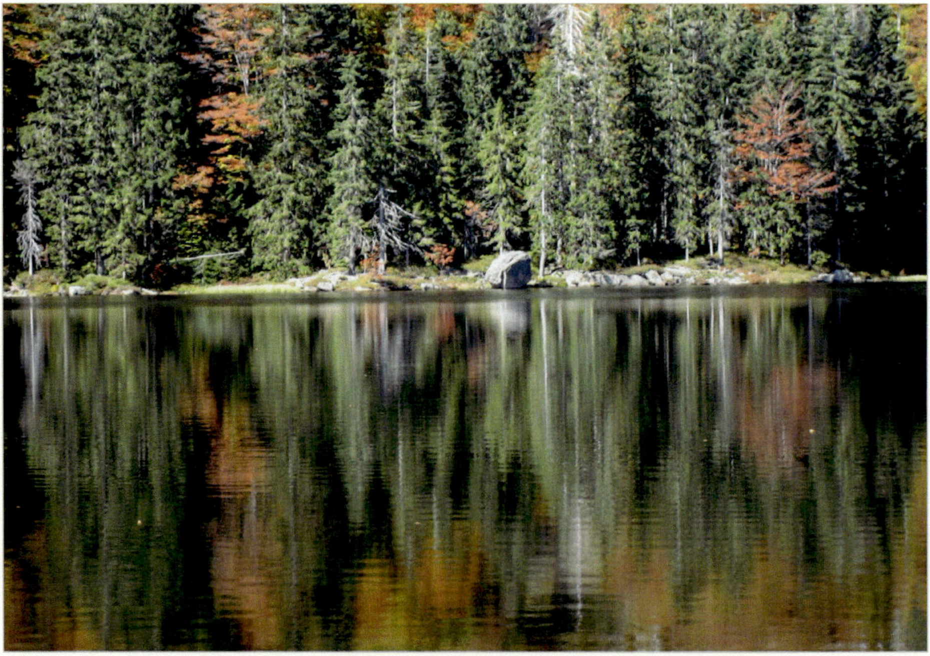

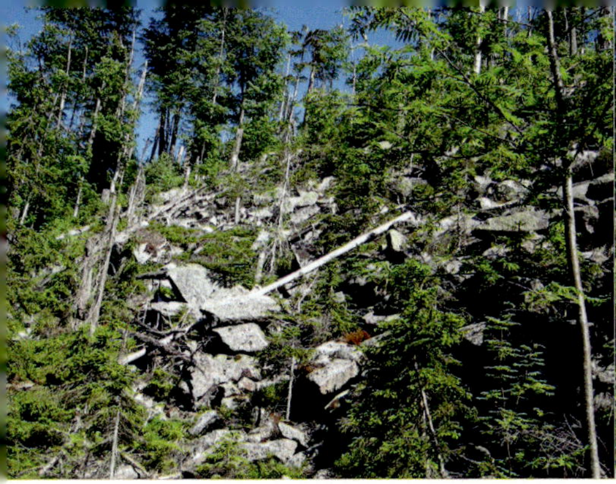

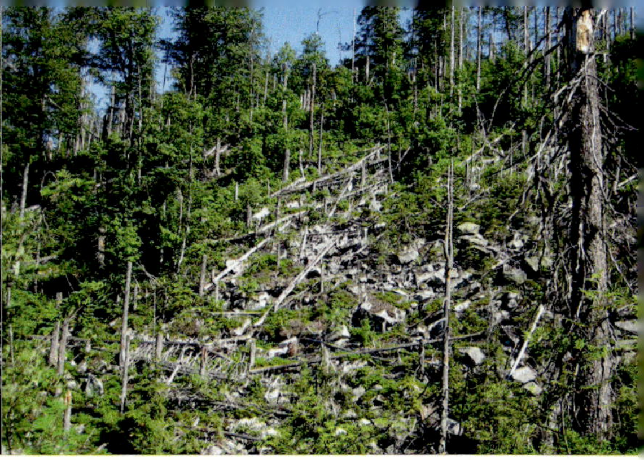

Teufelsloch am Lusen

GPS: 48°56 225 N • 13°28 566 E

Am Lusen ist ein Bachlauf, der unter einem großen Steinhaufen verläuft, man sieht kein Wasser, aber man hört es unterirdisch laut rauschen. Dieses Gebiet nennt man Teufelsloch. Die Holzhauer, die in früherer Zeit am Lusen arbeiteten, konnten sich das nicht erklären und vermuteten, dass in den Felshöhlen ein Ungeheuer hausen würde oder gar der Teufel selbst, darum wurde diese Felsformation Teufelsloch genannt. Diese Gegend wurde von den Arbeitern gemieden, sie war ihnen nicht geheuer.

Ausgangspunkt: Fredenbrücke bei Waldhäuser

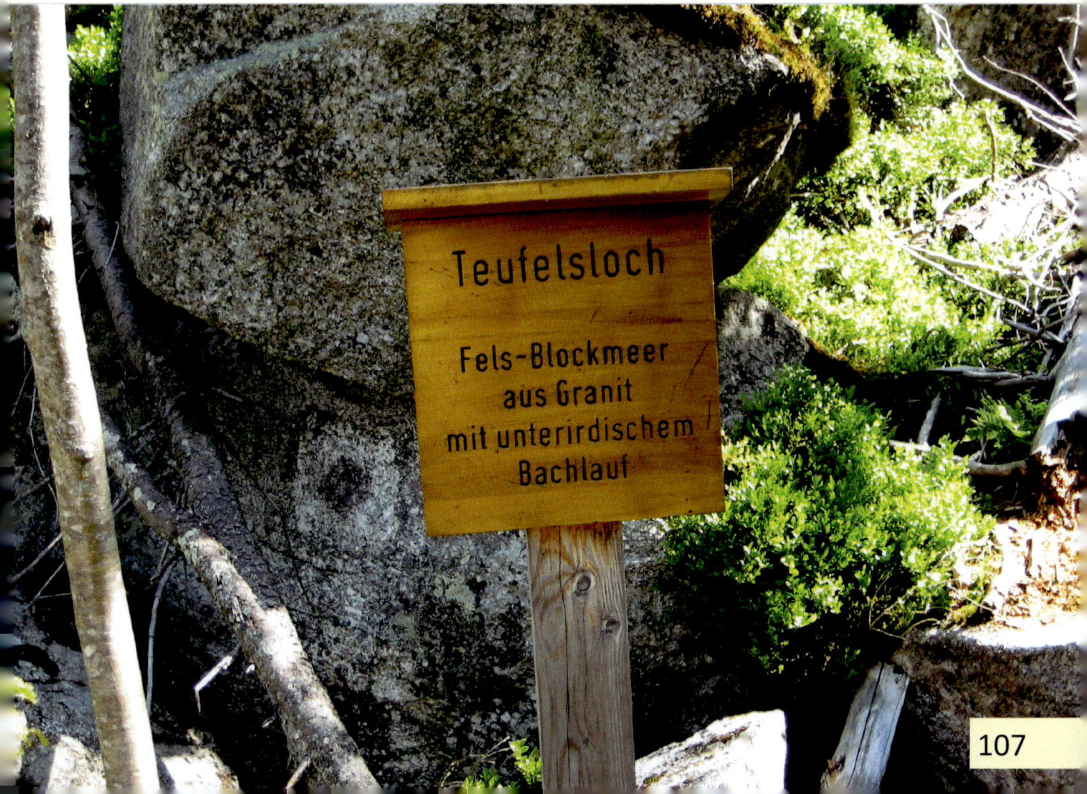

Josef Probst, Autor

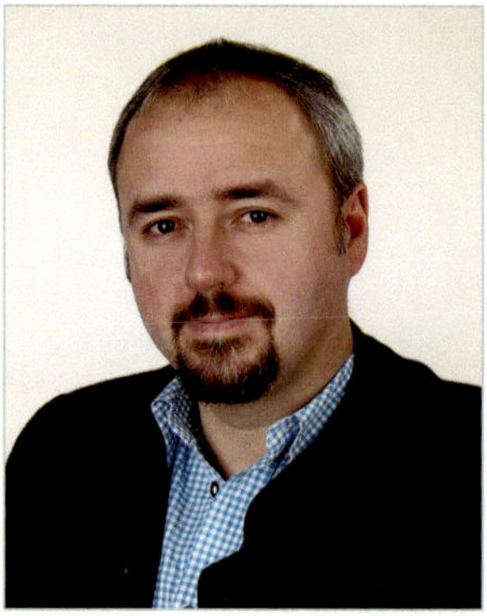

Geboren am 20.09.1975

1982 – 1992	Grundschule Regen Hauptschule Regen Realschule Regen
1992 – 1996	Ausbildung zum Radio & Fernsehtechniker
1996 – 1997	Bundeswehr Germersheim / Freising
seit 1997	Elektronik-Facharbeiter bei der Firma Zollner in Zandt
2007	Hochzeit mit meiner Frau Katharina
2007	Geburt meines Sohnes Maximilian Josef
2009	Erscheinung des ersten Buches „Zwischen Geißkopf und Arber“
2009	Geburt meines zweiten Sohnes Thomas Benedikt
2010	Erscheinung des zweiten Buches „Zwischen Lusen und Osser“
2011	Erscheinung des dritten Buches „Zwischen Rachel und Kaitersberg“
2013	Erscheinung des vierten Buches „Zwischen Dreisessel und Hohenbogen“
2015	Erscheinung des fünften Buches „Mystischer Bayerischer Wald“
2016	Erscheinung des sechsten Buches „Rauhnächte im Bayerischen Wald
2017	Erscheinung des siebten Buches „Woid Mythen“

Quellen:

Haller Reinhard: Natur- und Landschaftssagen, Morsak Verlag

Probst, Josef: Mystischer Bayerischer Wald, Ohetaler-Verlag

Schötz, Manfred